Libro del alumno

SISTEMA

L. G. Alexander

Juan Kattán-Ibarra

Dennis Stockton

Longman

Contenido

Temas	Primer ciclo	página
1 Sobre ti	**Unidad 1 Soy Pablo Vargas** —saludar —identificar personas —origen —ocupación	1
2 Tú y los otros	**Unidad 2 ¿Cómo está?** —saludar —presentaciones	5
3 Dirección	**Unidad 3 ¿Dónde está la plaza?** —existencia —situación —proximidad	9
4 Ubicación	**Unidad 4 ¿Está Pablo?** —disponibilidad y ubicación de personas	13
5 La hora	**Unidad 5 ¿Qué hora es?** —hora y fecha —apertura y cierre —llegada y salida —comienzo y término	17

Segundo ciclo *página*

Unidad 11 ¿De parte de quién? 41
—¿cómo se escribe?
—¿cómo se pronuncia?
—identificación por teléfono

Unidad 12 ¿Cómo es? 45
—descripción de personas
—edad

Unidad 13 En la planta baja 49
—ubicación interior y exterior
—indicaciones

Unidad 14 ¿Qué haces aquí? 53
—acción presente

Unidad 15 ¿Cuándo quiere viajar? 57
—destino
—estancia
—llegada y salida

Tercer ciclo *página*

Unidad 21 Hace dos años que vivo aquí 81
—duración
—nacimiento

Unidad 22 Me parece que era extranjero 85
—origen
—dirección
—descripción física
—salud

Unidad 23 ¿A qué distancia está? 89
—distancia
—indicaciones precisas

Unidad 24 Está en el interior 93
—origen
—ubicación
—requisitos
—acción continua en el pasado

Unidad 25 De vacaciones 97
—planes

Temas	Primer ciclo	página
6 Peticiones, ofrecimientos y sugerencias	**Unidad 6 ¿En qué puedo servirle?** —solicitar permiso y autorización —voluntad	21
7 Descripción	**Unidad 7 ¿Qué es esto?** —identificación de cosas —talla	25
8 Gustos	**Unidad 8 Me gusta** —gustos —preferencias —opiniones	29
9 Disponibilidad y requisitos	**Unidad 9 Quiero café con leche** —deseos —disponibilidad —obligación	33
10 Acciones	**Unidad 10 Me levanto a las ocho** —acciones —frecuencia	37

| *Segundo ciclo* | *página* | *Tercer ciclo* | *página* |

Unidad 16 No se puede 61
—permiso
—posibilidad
—peticiones
—ofrecimiento

Unidad 26 ¿Me lo pueden reparar? 101
—solicitar un servicio
—posibilidad
—obligación
—requisitos

Unidad 17 ¿Qué desea? 65
—descripción de cosas
—precio

Unidad 27 ¿Es éste el suyo? 105
—pertenencia
—tiempo
—descripción de un lugar

Unidad 18 A mí no me gusta 69
—preferencias exactas
—razones

Unidad 28 Lo que más me gustaba 109
—costumbres
—gustos

Unidad 19 ¿Qué tipo busca? 73
—deseos, necesidades y requisitos específicos
—disponibilidad futura
—duración

Unidad 29 ¿Un poco más? 113
—ofrecimientos
—disponibilidad

Unidad 20 ¿Dónde pasaste tus vacaciones? 77
—costumbres y hábitos
—acción pasada en un momento preciso
—secuencia de acciones pasadas

Unidad 30 ¿Ha estado allí? 117
—pasado reciente
—frecuencia
—órdenes indirectas

UNIDAD 1 — Soy Pablo Vargas

1.1 Diálogo: En el aeropuerto
Carmen espera a dos desconocidos, Luis Castro y Pablo Vargas.

PABLO   Buenos días.
CARMEN   Buenos días.
PABLO   ¿Es usted la señorita Miranda?
CARMEN   Sí, yo soy Carmen Miranda. ¿Es usted Luis Castro?
PABLO   No, no soy Luis Castro, soy Pablo Vargas.
CARMEN   Ah, perdón señor Vargas.

1.2 Entonación
Escuche y repita.

1. Buenos días.
2. Buenos días, señorita.
3. Yo soy la señorita Miranda.
4. No soy Luis, soy Pablo.

1.3 Práctica/Sobre usted
1. Usted saluda y se identifica.
   A   [Buenos días]. Yo soy [Pablo Vargas].
2. Usted corrige una identificación equivocada.
   A   No soy [Luis Castro], soy [Pablo Vargas].
3. Usted, A1, verifica la identidad de A2.
   A1   [Buenas tardes]. ¿Es usted [Luis Castro]?
   A2   Sí, soy [Luis Castro].
       o No, no soy [Luis Castro], soy [Pablo Vargas].

Practique con:

Buenos días (5.00–14.00)
Buenas tardes (14.00–20.00)
Buenas noches (20.00–2.00+)

1.4 Práctica en contexto
A1 espera a una señora en el aeropuerto.

A1   [Buenas tardes], [señora]. ¿Usted es [la señora Molina]?
A2   No, no soy [la señora Molina], soy [la señorita Vásquez].
A1   Ah, perdón [señorita].

Practique con:

el señor Ramos
el señor Pérez

la señora Garín
la señorita López

la señorita Mendoza
la señora García

2.1 Diálogo: En una conferencia 🎧
El recepcionista busca en la lista de participantes el nombre de una recién llegada.

RECEPCIONISTA	Buenas tardes. ¿Cómo se llama usted, por favor?
INGE	Me llamo Inge Müller.
RECEPCIONISTA	Perdón, ¿cuál es su apellido?
INGE	Müller.
RECEPCIONISTA	¿Y su nombre, por favor?
INGE	Inge.
RECEPCIONISTA	¿Cómo?
INGE	Inge.
RECEPCIONISTA	¡Ah sí! La señora Müller, ¿no? Pase usted.
INGE	Gracias.

2.2 Práctica/Sobre usted
Un desconocido, A1, se equivoca al intentar identificarlo a usted, A2.

1. A1 *[Buenas noches]*. ¿Usted se llama *[Vargas]*?
   A2 No, no me llamo *[Vargas]*.
   A1 ¿Cómo se llama *[de apellido]*, por favor?
   A2 Me llamo *[Castro]*. Soy *[Luis Castro]*.

2. A1 Perdón. Usted es *[Roberto Sánchez]*, ¿no?
   A2 No, no soy *[Roberto Sánchez]*.
   A1 ¿Cuál es su apellido, por favor?
   A2 Mi apellido es *[Sánchez]*. Mi nombre es *[Alberto]*, no *[Roberto]*.
   A1 ¡Ah! Perdón, *[señor Sánchez]*.

2.3 Escuchar y hablar 🎧
Identifique el dibujo que corresponde a cada pregunta y responda con información sobre usted.

3.1 Escuchar, leer y hablar 🎧

Un extranjero pasa por la oficina de inmigración. Lea este documento y escuche la conversación con el empleado de inmigración.

EMPLEADO Buenos días. ¿Su nombre, por favor?
MICHAEL   Me llamo Michael Phillips.
EMPLEADO Perdón. ¿Cuál es su apellido?
MICHAEL   Phillips. Me llamo Michael Phillips.
EMPLEADO ¿Su nacionalidad?
MICHAEL   Soy inglés. Soy de Londres.
EMPLEADO ¿Y cuál es su ocupación?
MICHAEL   Soy comerciante. — trader, merchant

Nombre: *Michael*
Apellido: *Phillips*
Nacionalidad: *inglesa*
Ciudad: *Londres*
Ocupación: *comerciante*

Ahora vuelva a escuchar las preguntas del empleado y responda por Michael Phillips.

Luego vuelva a escuchar las preguntas y responda usando la siguiente información:

Nombre:	Susan	Brigitte	Hans	Martin	Liv
Apellido:	Brown	Moreau	Schmidt	Johnson	Andersson
Nacionalidad:	inglesa	francesa	alemán	norteamericano	sueca
Ciudad:	Manchester	Burdeos	Munich	Chicago	Estocolmo
Ocupación:	funcionaria	recepcionista	empleado	estudiante	profesora

3.2 Mirar y hablar

A1 habla con un desconocido, A2.

1. A1 ¿Es usted *[sueco]*?
   A2 Sí, soy *[sueco]*. Soy de *[Goteberg]*.

2. A2 ¿Es usted *[inglesa]*?
   A1 Sí, soy *[inglesa]*.
       Soy de *[Birmingham]*.

Haga conversaciones similares con la información del mapa.

3.3 Escuchar y escoger 🎧

En el autobús del aeropuerto, A inicia una conversación con un desconocido. Escuche la conversación y escoja la información correcta sobre A.

1. A es **a.** español ☐
       b. inglés ☐
       c. norteamericano ☐

2. A es de **a.** Nueva York ☐
          b. Madrid ☐
          c. Sevilla ☐

3. A se llama **a.** Martin Johnson ☐
              b. Felipe González ☐
              c. Pablo Vargas ☐

4. A es **a.** estudiante ☐
       b. profesor ☐
       c. periodista ☐

3.4 Improvisación

1. Usted, A1, es turista y habla con el recepcionista, A2, en un hotel. El recepcionista le saluda y le pregunta su nombre, nacionalidad y ocupación. Usted responde.
2. En un avión usted, A1, habla con otro pasajero, A2. Intercambian información sobre su nacionalidad, lugar de origen, y sus nombres.
3. En el aeropuerto de Barajas (Madrid), usted, A1, habla con el funcionario, A2. El funcionario le pregunta su nombre, nacionalidad y ocupación. No entiende bien el apellido, y pide que lo repita.

4 Resumen

4.1 En esta unidad usted ha aprendido a

1. saludar formalmente: Buenos días. Buenas tardes. Buenas noches.
2. usar los términos de cortesía: (el) señor, (la) señora, (la) señorita.
3. disculparse: Perdón.
4. preguntar el nombre a una persona: ¿Cómo se llama (usted)? *What is your name* ¿Cuál es su nombre/su apellido? *What is your Christian/surname*
5. verificar la identidad de una persona: ¿Es usted [Luis Castro]? *Are you* ¿Usted es [Luis Castro]? *You are* Usted es [Luis Castro], ¿no?
6. identificarse: (Yo) soy [Luis Castro]. *I am* Me llamo [Luis Castro]. *My name is* Mi nombre es [Luis]. *My christian name is* Mi apellido es [Castro]. *My surname is*
7. corregir una identificación equivocada: No soy [Pablo Vargas]. *No I am*
8. pedir información sobre – nacionalidad: ¿Cuál es su nacionalidad?
    ocupación: ¿Cuál es su ocupación?
9. decir su – nacionalidad: Soy [inglés/inglesa]. *I am English*
    origen: Soy de [Londres]. *I am from*
    ocupación: Soy [comerciante].

4.2 Y usted ha practicado

I am   You are   Are you
1. el verbo 'ser' (primera y tercera personas): (yo) soy..., (usted) es..... ¿Es (usted)...?
2. formas de afirmación y negación: Sí, soy... *Yes I am*
   No, no soy... *No I am not*
3. formas posesivas: mi, su. *my, your*
4. palabras interrogativas: ¿Cuál...? ¿Cómo...?
   WHAT OR WHICH   WHAT? (HAVEN'T HEARD)

UNIDAD 2 ¿Cómo está?

1.1 Diálogo: En el aeropuerto
Luis Castro, la segunda persona que espera Carmen, se acerca.

LUIS Buenos días. ¿Es usted la señorita Miranda?
CARMEN Sí, soy Carmen Miranda. Y usted, ¿es el señor Castro?
LUIS Sí, soy yo. Mucho gusto, señorita Miranda.
CARMEN Encantada, ¿cómo está usted?
LUIS Bien gracias, ¿y usted?
CARMEN Estoy muy bien.

1.2 Entonación
Escuche y repita.

1. A1 ¿Cómo está usted?
   A2 Bien gracias.
2. A1 ¿Es usted la señorita Miranda?
   A2 Sí, soy Carmen Miranda.
3. A2 ¿Usted es el señor Castro?
   A1 Sí, soy yo.

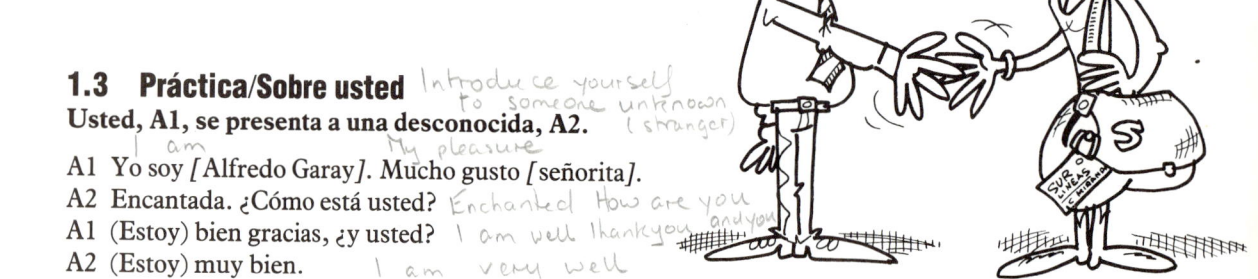

1.3 Práctica/Sobre usted
Usted, A1, se presenta a una desconocida, A2.

A1 Yo soy [Alfredo Garay]. Mucho gusto [señorita].
A2 Encantada. ¿Cómo está usted?
A1 (Estoy) bien gracias, ¿y usted?
A2 (Estoy) muy bien.

1.4 Práctica en contexto
A1 se presenta a un amigo de su marido.

A1 ¿[Sr Ruiz]? Yo soy [Inge Müller]. Soy [la mujer] de [Hans Müller].
A2 ¿Cómo está usted, [señora]?
A1 Estoy bien gracias.
A2 ¿Y cómo está su [marido]?
A1 Está muy bien.

Practique con:

— (el) padre   (el) marido
— (la) madre   (la) mujer
— (el) hermano   (el) hijo
— (la) hermana   (la) hija

2.1 Diálogo: Entre amigos

CARMEN Hola Pablo, ¿qué tal? ¿Cómo estás?
PABLO   Bien gracias, ¿y tú?
CARMEN Muy bien. Este es un amigo, Luis Castro — Pablo Vargas.
PABLO   Ah, ¿tú eres Luis Castro? Mucho gusto.
LUIS   Hola, ¿cómo estás?

2.2 Práctica/Sobre usted

A1 y A2 son amigos que se encuentran. A3 es amiga de A1.

A1 Hola, ¿qué tal? ¿Cómo estás?
A2 (Estoy) bien gracias, ¿y tú?
A1 (Estoy) muy bien. Esta es [una amiga], [Ana].
A2 [Mucho gusto].
A3 Hola, ¿cómo estás?

éste es Luis    ésta es Carmen

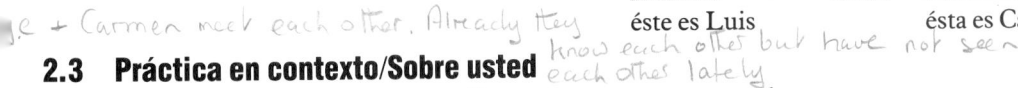

2.3 Práctica en contexto/Sobre usted

Inge Müller y Carmen se encuentran. Ya se conocen, pero no se han visto últimamente. Practique con el vocabulario de 1.4.

INGE   ¿[Carmen Miranda]? Yo soy [Inge Müller].
CARMEN Hola, [Inge], ¿cómo estás?
INGE   Estoy bien gracias. ¿Y cómo está tu [hermana]?
CARMEN Está muy bien. ¿Y tu [marido]?
INGE   Está bien gracias.

2.4 Práctica en contexto

Belén, de paseo con su madre, se encuentra con Gerardo.

GERARDO Hola, [Belén], ¿cómo estás?
BELÉN   Hola, [buenas tardes]. [Mamá], [éste] es [un amigo, Gerardo]. [Gerardo], [ésta] es [mi madre].
GERARDO Mucho gusto, [señora]. ¿Cómo está usted?
MADRE   Muy bien gracias.
GERARDO Bueno, [Belén], hasta luego. Adiós [señora].
BELÉN   Adiós.
Y MADRE

3.1 Mirar, escuchar y hablar 🎧

Mire el árbol genealógico de la familia de Pablo y luego escuche la conversación entre Pablo y el empleado de una compañía de seguros.

EMPLEADO ¿Cómo se llama usted, por favor?
PABLO Pablo Vargas García.
EMPLEADO ¿Cómo se llama su padre?
PABLO Juan José Vargas Fernández.
EMPLEADO ¿Y su madre?
PABLO María Inés García Gutiérrez.
EMPLEADO ¿Está usted casado o soltero?
PABLO Estoy casado.
EMPLEADO ¿Cómo se llama su esposa?
PABLO María Dolores Fuentes Rodríguez.
EMPLEADO ¿Tiene hijos?
PABLO Sí, tengo dos, un hijo y una hija.
EMPLEADO ¿Cómo se llama su hijo mayor?
PABLO José Luis Vargas Fuentes.
EMPLEADO ¿Y su hijo menor?
PABLO Es hija. María de los Angeles Vargas Fuentes.

Ahora haga una conversación similar entre María Dolores y el empleado.

3.2 Escuchar y escoger 🎧

Escuche las conversaciones e indique el dibujo que corresponde a la conversación.

3.3 Improvisación

1. Usted, A1, está en una conferencia. Un colega, A2, le presenta a un amigo, A3.
2. Usted, A1, está en una fiesta con un familiar, A2, y lo presenta a un amigo, A3.
3. Usted, A1, da información sobre su familia a un empleado, A2.

4 Resumen

4.1 En esta unidad usted ha aprendido a

1. saludar en forma familiar: — Hola. *Hello*
2. saludar y preguntar a una persona cómo está — *Greet and ask a person how are you*
   - familiarmente *(familiar)*: ¿Qué tal? *How's things* / ¿Cómo estás? *How are you*
   - formalmente *(formal)*: ¿Cómo está usted? *How are you*
3. responder familiarmente a un saludo: *reply familiar* — Hola. *Hello*
4. responder a la pregunta 2: (Estoy) bien (gracias). *I am well thank you*
5. devolver el saludo en 2 — familiarmente *(familiar)*: ¿Y tú? *And you*
   - formalmente *(formal)*: ¿Y usted? *And you*
6. preguntar por la salud de otras personas — *Ask about the health of other persons*
   - familiarmente: ¿Cómo está tu [marido]? *How is your husband*
   - formalmente *(formal)*: ¿Cómo está su [marido]? *How is " "*
7. presentar a una persona: *Present a person* — Este es [Carlos]. *This is Carlos*
8. intercambiar saludos al ser presentado/presentada: *Exchange greetings to person presented* — Mucho gusto. *Much pleasure* / Encantado/encantada.
9. despedirse: Adiós. *Goodbye* / Hasta luego. *See you later*
10. preguntar y responder a una pregunta sobre su estado civil: *Ask and reply to a question on your marital state*
    - ¿Está usted casado/casada? *Are you married*
    - Sí, (estoy casado/casada). *Yes I am married*
    - No, (estoy soltero/soltera). *No I am single (unmarried bachelor, spinster)*
11. preguntar por el nombre de una persona y responder a la pregunta: *Ask for the name of a person and respond to the question*
    - ¿Cómo se llama [su hermano]? *What is your brother called*
    - Se llama [Carlos]. *He is called Carlos (his name is)*

4.2 Y usted ha practicado

I am, You are, he/she is

1. el verbo 'estar' en singular: *to be* — estoy, estás, está.
2. el verbo 'ser' en singular: *to be* — soy, eres, es. *I am, you are, he/she is*
3. la forma familiar del verbo 'estar': *How are you* — ¿Estás bien? *Are you well*
4. la forma familiar del verbo 'ser': *Who are you* — ¿Eres Luis? *Are you Luis*
5. la tercera persona singular del verbo 'estar': ¿Cómo está usted/su padre/Carmen?
6. la tercera persona singular del verbo 'ser': ¿Usted es Luis? Este es mi padre. Esta es Carmen.
7. las primera y tercera personas singular del verbo 'tener': *I have, Have you* — (Yo) Tengo dos hijos. ¿Tiene hijos?
8. el pronombre familiar singular del sujeto: ¿Y tú? *And you (fam)*
9. el pronombre formal singular del sujeto: ¿Y usted? *And you (pol)*
10. los adjetivos posesivos en singular: mi/tu/su hermano *my, your (fam), your (pol)*
11. los artículos definidos en singular — masculino: m — el padre
    - femenino: f — la madre

UNIDAD 3 ¿Dónde está la plaza?

1.1 Diálogo: en la calle
Luis quiere cambiar dinero. Pregunta a una señora si hay un banco cerca.

LUIS Por favor. ¿Hay un banco por aquí?
SEÑORA Sí. Hay un banco en la Plaza Central.
LUIS ¿Dónde está la plaza?
SEÑORA Está aquí, a la derecha.
LUIS Gracias.
SEÑORA De nada.

1.2 Práctica
1. A1 ¿Hay [un banco] por aquí?
   A2 Sí. Está a la [derecha].
2. A1 ¿Dónde está [el Banco de Vizcaya]?
   A2 Está a la [izquierda].
3. A1 ¿Hay [servicios] por aquí?
   A2 Sí. Están a la [derecha].
4. A1 ¿Dónde están [los servicios]?
   A2 Están a la [izquierda].

Practique con:

(un/el) banco
(una/la) parada de autobús
(una/la) farmacia
(una/la) estación
(una/la) Oficina de correos
(una/la) comisaría

(—/los) servicios
(—/los) teléfonos
(—/las) duchas

1.3 Pronunciación: a
Escuche y repita.

1. A1 ¿Dónde está la plaza?
   A2 Está a la derecha.
   A1 Gracias.
   A2 De nada.
2. A1 ¿Hay una farmacia por aquí?
   A2 Sí, a la izquierda.

1.4 Práctica en contexto
Un extranjero, A1, pregunta a un transeúnte, A2, dónde puede encontrar un hotel. Practique con los otros puntos en el plano.

A1 Por favor. ¿Hay [un hotel] por aquí?
A2 Sí. Hay [un hotel] aquí, en esta calle. [El Hotel Sevilla].
A1 ¿Dónde está, por favor?
A2 Allí a la [izquierda].
A1 Gracias.

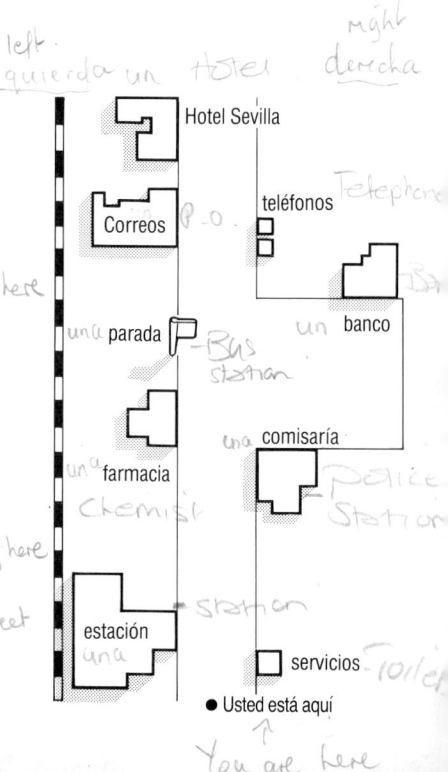

2.1 Práctica

A1 ¿Puede decirme dónde está [la estación]?   **Practique con:**
A2 Sí. Está [en la Calle San Marcos].

- el mercado
- el banco
- el Hotel María Cristina
- la parada de autobús
- los servicios
- (las) Galerías Preciados

a la derecha
cerca del parque
cerca de la plaza
al otro lado del parque
al otro lado de la plaza

2.2 Práctica en contexto

A1 quiere ir al Hotel María Cristina. Tiene que preguntar a varios transeúntes.

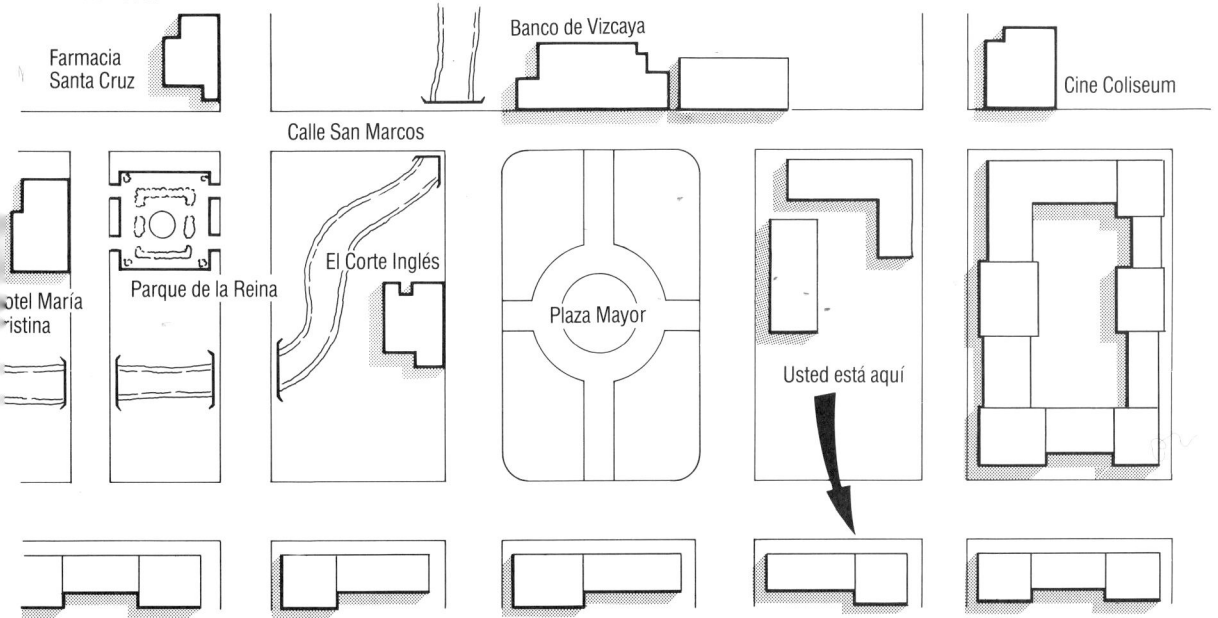

A1 Perdón. ¿Dónde está [el Hotel María Cristina], por favor?
A2 ¿[El Hotel María Cristina]? Lo siento, no sé dónde está.
A1 ¿Puede decirme dónde está [el Hotel María Cristina]?
A3 [El Hotel María Cristina] . . . Está [cerca del Parque de la Reina].
A1 ¿Dónde está [el Parque de la Reina]?
A3 Bueno, subiendo [a la derecha], a [dos calles].
A1 Gracias.
A1 Perdón. ¿Es éste [el Parque de la Reina]?
A4 Sí, [es éste].
A1 ¿[El Hotel María Cristina] está por aquí?
A4 Sí, está ahí [enfrente]. [Al otro lado del parque].
A1 Muchas gracias.
A4 De nada. Adiós.

Practique con:

el Banco de Vizcaya
el Corte Inglés
la farmacia Santa Cruz

a una calle del Cine Coliseum
en la Plaza Mayor
en la Calle San Marcos

cerca de
al lado de
enfrente de
a la derecha
a la izquierda

1 uno/una	6 seis
2 dos	7 siete
3 tres	8 ocho
4 cuatro	9 nueve
5 cinco	10 diez

3.1 Escuchar y escoger 🎧

Elena busca la Compañía Telefónica. En la calle pregunta a un transeúnte. Escuche la conversación, mire el plano y siga las indicaciones del transeúnte.

ELENA	Por favor. ¿Puede decirme dónde está la Compañía Telefónica?
TRANSEÚNTE	¿La Telefónica? . . . Sí. Está cerca del hospital.
ELENA	¿Está lejos?
TRANSEÚNTE	No, está cerca. Aquí a la derecha, a tres calles, hay un parque, el Parque Central. Al otro lado del parque está la Avenida Goicochea.
ELENA	Perdón, ¿cómo se llama la avenida?
TRANSEÚNTE	Goicochea. El hospital está al final de la avenida, y la Telefónica está ahí, en la Calle Benavides.
ELENA	¿En qué calle está?
TRANSEÚNTE	En la Calle Benavides, al final de la Avenida Goicochea.
ELENA	¿A cuánto está de aquí, más o menos?
TRANSEÚNTE	Pues está a unos veinte minutos. Pero hay un autobús para el hospital, el nueve, y la parada está en el parque.
ELENA	Bueno, muchas gracias.
TRANSEÚNTE	De nada, adiós.

3.2 Improvisación

1. Usted, A1, está de visita en una ciudad de habla española. Saliendo de la comisaría, pregunta a un transeúnte, A2, dónde está Correos. (Puede usar el plano de 1.4.)
2. Usted, A1, está en Correos. Pregunte al empleado, A2, dónde está la estación.

3.3 Improvisación/Sobre usted

Usted, A1, invita a cenar a un colega español, A2. Dibuje un plano de su barrio y dígale a su colega dónde está su casa. Su colega pregunta si está lejos de la oficina, en qué calle está, si hay una parada de autobús o una estación cerca, y a qué distancia está de la casa.

más o menos — more or less

Sabe usted, do you know

4 Resumen

4.1 En esta unidad usted ha aprendido a

1. preguntar por la existencia cercana de algo: ¿Hay [un banco] por aquí? *Is there a bank here* *Ask for existence of something close*
2. preguntar por la situación de un lugar: ¿Dónde está/están [el banco/los servicios]? *Where is (are)* *Ask situation of place*
3. preguntar cortesmente por la situación de un lugar: ¿Puede decirme dónde está/están [el banco/los servicios]? *Please can you tell me where is (are)* *Ask politely where place is*
   ¿Dónde está/están [el banco/los servicios], por favor?
4. responder a las preguntas 1–3 indicando la dirección y la situación o proximidad: *Reply to above questions 1-3 indicating direction and situation approx*
   Está a la [derecha]. *It is to the right*
   Está en [la plaza]. *It is in the square*
   Está [cerca de] [la plaza]. *Is it near the square*
5. expresar proximidad: Está cerca. *It is near*
6. expresar lejanía: Está lejos. *It is far*

4.2 Y usted ha practicado

1. la tercera persona del plural del verbo 'estar': *3rd person plural of verb to be* El banco está/los servicios están a la derecha. *is / are / to the right*
2. los artículos indefinidos: ¿Hay un banco/una estación por aquí? *Is there a bank here*
3. los artículos definidos en plural: ¿Dónde están los servicios/las duchas? *Where is —* *of + the = of the*
4. las contracciones ('a'+'el') 'al' y ('de'+'el') 'del': Está al otro lado del parque. *It is on the other side of —*
   The use of to + the = to the (in) on the Está a la derecha de la plaza. *It is to the right of the square*
5. el uso de 'para' para expresar destino: *destination* Un autobús para el hospital. *A bus goes to the hospital*
6. el uso de 'a' para expresar – distancia: *distance* Está a dos calles. *2 streets away*
                                  dirección: *direction* Está a la derecha. *Is the right*
7. el uso de 'en' para expresar situación: *situation* Está en la plaza. *in the square*
8. los números 1–10:
   1 uno/una 2 dos 3 tres 4 cuatro 5 cinco
   6 seis 7 siete 8 ocho 9 nueve 10 diez
9. el uso de la forma verbal 'hay': ¿Hay un banco por aquí? *Is there (you have) a bank by here*
10. el uso del interrogativo '¿dónde?': ¿Dónde está el banco? *Where is the bank*

UNIDAD 4 — ¿Está Pablo?

1.1 Diálogo: Un recado

Michael quiere hablar con el Sr Soto. Llama a su secretaria.

SECRETARIA Buenos días, ¿diga?
MICHAEL Buenos días. ¿Está el Sr Soto?
SECRETARIA No. Hoy no está. Está en una conferencia.
MICHAEL ¿Puedo dejar un recado?
SECRETARIA Sí, cómo no.
MICHAEL ¿Puede decirle que el señor Phillips, de Londres, está en el Hotel Sevilla?
SECRETARIA Muy bien, señor Phillips. Adiós.

1.2 Pronunciación: o

Escuche y repita.

A1 Buenos días. ¿Está el señor Soto?

A2 No. No está.

A1 ¿Puedo dejarle un recado?

A2 Cómo no.

1.3 Práctica en contexto/Sobre usted

Usted, A2, llama por teléfono para preguntar por un amigo. Contesta una persona conocida, A1, que le informa que su amigo no está.

A1 ¿Dígame?
A2 Hola. Yo soy *[María Martín]*. ¿Está *[Pablo]*?
A1 Hola *[señora Martín]*. ¿Puede esperar un momento?
A2 Sí, gracias.
(pausa)
A1 ¿*[Señora Martín]*?
A2 ¿Sí?
A1 Lo siento, pero *[Pablo]* no está en este momento.
A2 Ah ¿no? ¿Dónde está?
A1 Está en *[casa]*.
A2 Muy bien, gracias. Adiós.

Practique con:

la señora Ramos
en la oficina

Carmen
en el instituto

Carlos
en casa

el gerente
en una reunión

el doctor
en el hospital

2.1 Diálogo: En casa de unos amigos

Brigitte pasa por la casa de Carmen para hablar con ella. Le abre la puerta su hermana, María.

MARÍA   Hola Brigitte. ¿Cómo estás? Tanto tiempo sin verte. Pasa, pasa.
BRIGITTE   Hola María, gracias. ¿Está Carmen?
MARÍA   No, no está en este momento. Es que ha ido al aeropuerto.
BRIGITTE   ¿Al aeropuerto?
MARÍA   Sí, ha ido a buscar a un amigo que llega de Alemania.
BRIGITTE   ¿A qué hora *vuelve*?
MARÍA   Ah, lo siento, no sé. Tal vez en una hora. Pero seguro que vuelve pronto.
BRIGITTE   Bueno, gracias, María. Adiós.

2.2 Práctica

1. A1   ¿Está *[Luis]*?
   A2   No, *[Luis]* ha ido *[al aeropuerto]*.
2. A1   ¿Está *[Pilar]*?
   A2   No, *[Pilar]* ha ido *[a comprar el billete]*.

Practique con:

a la biblioteca	a buscar a un amigo
a la estación	a echar una carta
a casa	a cambiar unos cheques
al cine	a comprar un periódico

2.3 Escuchar y hablar

Escuche las preguntas y diga si está y adónde ha ido cada persona.

1. Miguel

2. el doctor

3. la señora Hesse

4. el señor Machado

3.1 Mirar y hablar

Lea el diálogo, y luego mire los dibujos y diga dónde está y qué hace cada persona.

A1 ¿Dónde está [María]?
A2 Ha ido [al mercado], a [comprar fruta].

1. A1 ¿Dónde está Pedro?   2. A1 ¿Dónde está Fernando?   3. A1 ¿Dónde está Lourdes?

3.2 Improvisación

1. Un desconocido, A1, llama a su puerta y pregunta por un miembro de su familia. Usted, A2, contesta que no está, y dice adónde ha ido.

2. Usted, A1, quiere hablar con el gerente de una compañía. Pregunta a la secretaria, A2, por el gerente, y cuando contesta la secretaria que no está, pregunta dónde está.

3.3 Escuchar y escribir 🎧

Escuche la conversación telefónica y escriba la información que da la telefonista sobre cada persona.

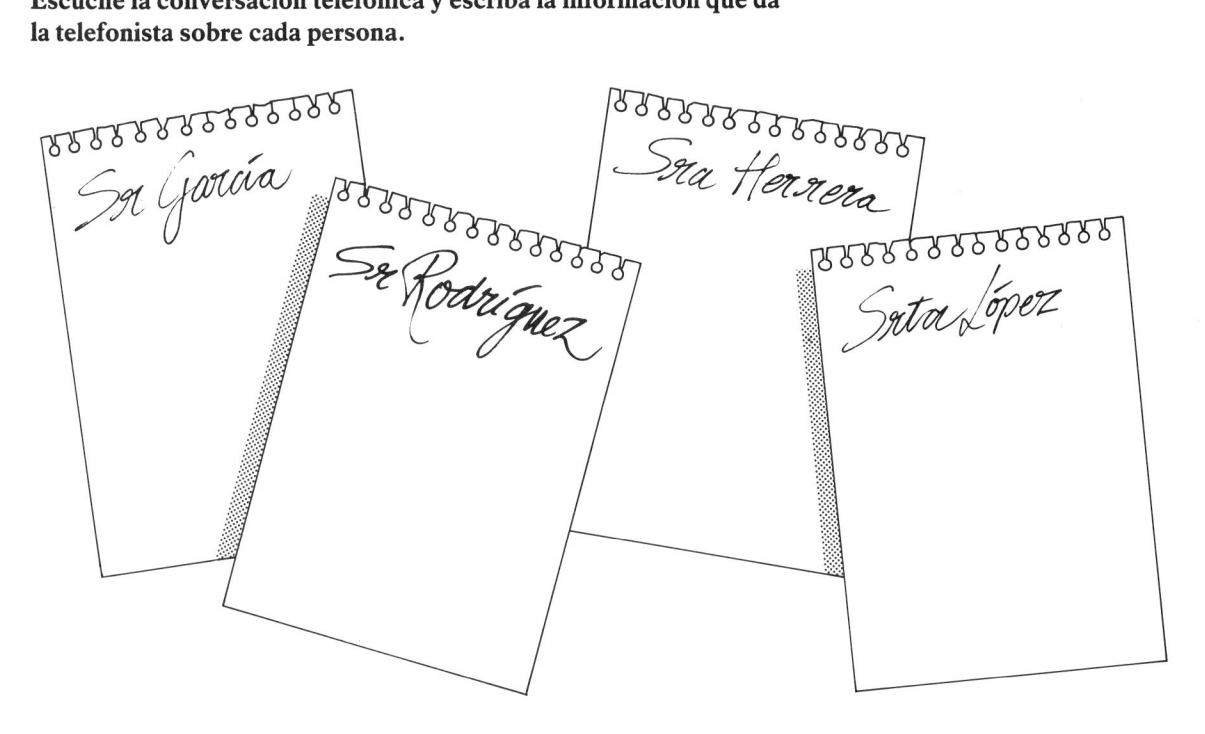

Sr García

Sr Rodríguez

Sra Herrera

Srta López

4 Resumen

4.1 En esta unidad usted ha aprendido a

1. preguntar por una persona y responder: ¿Está [el señor Soto]? *Is the Sr Soto there* — Sí, está. *Yes he is* — No, no está. *No he is not*
2. preguntar dónde está una persona: ¿Dónde está [el Sr Soto]? *Where is*
3. decir dónde está una persona: Está [en el aeropuerto]. *He is at the*
4. decir adónde ha ido una persona: Ha ido [al aeropuerto]. *Has gone* — Ha ido a [buscar a un amigo]. *Has gone to look for a friend*

4.2 Y usted ha practicado

1. la tercera persona singular del pretérito perfecto con el verbo 'ir': Carmen ha ido al aeropuerto. *has gone to the*
2. las primera y tercera personas del singular del presente del verbo 'poder': ¿Puedo dejar un recado? *Can you leave a message* — ¿Puede esperar un momento?
3. el infinitivo de verbos del grupo '-ar': *Has gone* Ha ido a buscar a un amigo/echar una carta/comprar un periódico. *Took for* *post*
4. el uso de 'a' para expresar dirección: *Has gone* Ha ido al aeropuerto.
5. el uso de 'a' seguido del infinitivo para expresar propósito: Ha ido a comprar el billete. *Has gone to buy a ticket*
6. el uso de 'a' con una persona o personas específicas como complemento del verbo: Ha ido a buscar a un amigo.
7. el uso de 'de' para indicar procedencia: El Sr Phillips de Londres. — Un amigo que llega de Alemania. *A friend who is arriving from Germany*

UNIDAD 5   ¿Qué hora es?

1.1 Diálogo: En la calle

LUIS   Por favor. ¿Qué hora es?
TRANSEÚNTE   ¿Cómo?
LUIS   ¿Puede decirme qué hora es?
TRANSEÚNTE   Ah sí, es la una.
LUIS   Gracias.
TRANSEÚNTE   De nada.

1.2 Práctica

A1 ¿Qué hora es?
A2 Es la una.

1. A2 Es la una y media. 
2. A2 Son las [dos].
3. A2 Son las [cuatro y cuarto]. 
4. A2 Son las [doce menos cuarto].

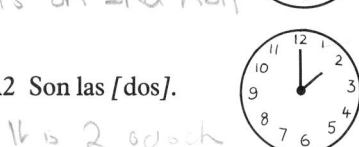

1.3 Pronunciación: los números 1–12

Escuche y repita.

| uno 1 | una 1 | dos 2 | tres 3 | cuatro 4 | cinco 5 | seis 6 |
| siete 7 | ocho 8 | nueve 9 | diez 10 | once 11 | doce 12 |

1. A Es la una.
2. A Son las cuatro y cuarto.
3. A Son las seis y media.
4. A Son las siete menos cuarto.

1.4 Práctica en contexto

A1 quiere saber la hora. Pregunta a A2 y a A3.

A1 Por favor. ¿Sabe usted qué hora es?
A2 Lo siento, no sé. No tengo reloj.
A1 ¿Tiene hora, por favor?
A3 Sí. Son las [11.30].
A1 Gracias.

2.1 Práctica

1. A ¿A qué hora abre [el banco]?
      ¿A qué hora cierra [el banco]?
2. A ¿A qué hora llega [el tren]?
      ¿A qué hora sale [el tren]?
3. A ¿A qué hora empieza [la clase]?
      ¿A qué hora termina [la clase]?
4. A [Abre] a [las tres] [de la tarde].

Practique con:

el consulado, la tienda, la embajada

el autobús, el avión, el barco

el partido, la película, el programa

de la mañana, de la noche

2.2 Práctica en contexto
A1 quiere saber a qué hora está abierta la tienda. Responde A2.

A1 ¿A qué hora abre [la tienda]?
A2 A las [8.30 de la mañana].
A1 ¿Y a qué hora cierra?
A2 A las [7 de la tarde].

Practique con:

BANCO DE CRÉDITO
horario
9,30 – 13,30
16,00 – 18,00

CONSULADO DE ESPAÑA
abierto al público
de 10,00 a 15,00
días laborables

HORARIO DE OFICINA
de las 8,30 de la mañana
a las 2,00 de la tarde

2.3 Práctica en contexto
A1 quiere saber las horas de salida y llegada del avión a Buenos Aires. Responde A2.

A1 ¿A qué hora sale [el avión a Buenos Aires]?
A2 A [las 11 de la noche].
A1 ¿Y a qué hora llega?
A2 A [las 9.15 de la mañana].

Practique con:

HACIA BOGOTA			HACIA CANCUN					HACIA CARACAS				
P US$		626	1,252	Y$	12,944	25,888		F US$			585	1,170
F		569	1,138	Exc. 3/21	23,318			Y			405	810
Y		368	736	08:00	10:00	MX 309	727	Diario	Exc. 3/17			627
Exc. D/30			628	09:10	11:05	AM 575	DC 9	Diario	07:00	17:05	PA464/445	727/D10 Diario
02:45	08:00	AV 081	707	Sd	10:00	12:00	MX 615	727	Lu-Ma-Mi	09:00	17:30	AM 421	DC 8	Lu-Mi-Sa
15:15	20:30	RG 873	DC 10	Sa						14:45	22:30	OP501/403	727	Ju-Do
16:45	22:00	RG 871	DC 10	Lu										

2.4 Práctica en contexto
A1 quiere saber a qué hora empieza y termina el partido. Responde A2.

A1 ¿A qué hora empieza [el partido]?
A2 A [las 8 de la noche].
A1 ¿Y a qué hora termina?
A2 A [las 10.45].

Practique con:

TV1

16.30 Vuelta Ciclista a España. 15.ª etapa: Benidorm-Albacete.

19.30 Fútbol. En directo desde el estadio de Sosto (Hungría), transmisión del partido entre el Videoton-Real Madrid, correspondiente a la final de la Copa de la UEFA. (Comentarios de José Angel de la Casa.)

22.00 Telediario. Segunda edición.

22.45 Sesión de noche. Ciclo Preston Sturges. "Un marido rico" (The Palm Beach Story) 1942 (84'). Blanco y negro. Dirección y guión: Preston Sturges. Música: Victor Young. Intérpretes: Claudette Colbert, Joel McCrea, Rudy Vallee, Mary Astor, Robert Warwick, Robert Dudley, Jack Norton, William Demarest.

00.30 Telediario. Tercera edición.

3.1 Mirar y hablar

1. Lea la conversación entre Pablo y Carmen.   **Practique con:**

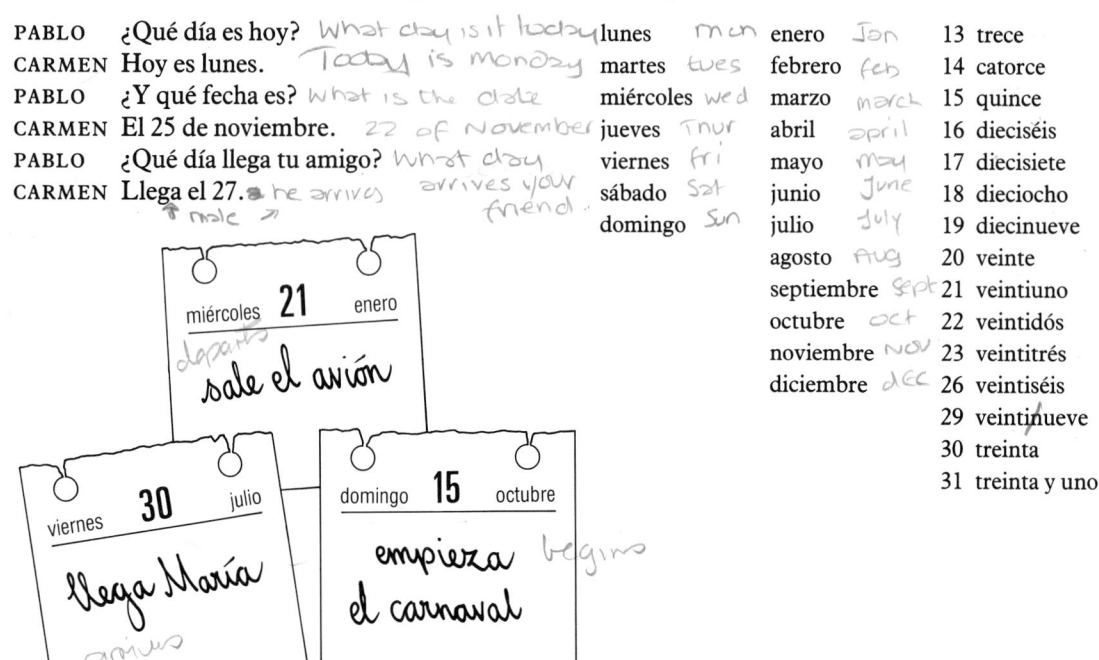

PABLO	¿Qué día es hoy?	lunes	enero	13 trece
CARMEN	Hoy es lunes.	martes	febrero	14 catorce
PABLO	¿Y qué fecha es?	miércoles	marzo	15 quince
CARMEN	El 25 de noviembre.	jueves	abril	16 dieciséis
PABLO	¿Qué día llega tu amigo?	viernes	mayo	17 diecisiete
CARMEN	Llega el 27.	sábado	junio	18 dieciocho
		domingo	julio	19 diecinueve
			agosto	20 veinte
			septiembre	21 veintiuno
			octubre	22 veintidós
			noviembre	23 veintitrés
			diciembre	26 veintiséis
				29 veintinueve
				30 treinta
				31 treinta y uno

miércoles 21 enero — sale el avión

viernes 30 julio — llega María

domingo 15 octubre — empieza el carnaval

2. Carmen pregunta en la estación.

CARMEN	¿Qué días hay tren a París?
EMPLEADO	A París hay tren los lunes y sábados.
CARMEN	¿A qué hora?
EMPLEADO	A las 3 de la tarde.

Practique con:

SALIDAS DESDE HENDAYA

lu, sa	«Palombe Bleu»	ma, do
15,00	Hendaya-Irún	07,40
23,45	París (Austerlitz)	23,00

ma, mi, vi	«Rápido»	lu, mi, ju
11,40 ó 16,25	Hendaya-Irún	21,23 ó 16,08
14,15 ó 19,10	Bordeaux	18,36 ó 13,23
19,15 ó 23,28	París (Austerlitz)	14,24 ó 09,00

3.2 Escuchar y escoger 🎧

Escuche esta conversación entre una turista y un agente de viajes en México sobre un itinerario de excursión. Escriba el número de cada frase bajo la hora correspondiente.

1. Llegada a Teotihuacán.
2. El museo abre por la mañana.
3. El museo cierra por la tarde.
4. Empieza la primera función del ballet.
5. Empieza la segunda función del ballet.

3.3 Improvisación

1. Usted, A1, desea viajar de Madrid a Bilbao. En una agencia de viajes pregunta al empleado, A2, las horas de salida y llegada del tren y del avión.

2. Usted, A1, pregunta al recepcionista de su hotel, A2, qué días hay excursiones a Toledo y las horas de salida y llegada.

4 Resumen

4.1 En esta unidad usted ha aprendido a

1. preguntar y decir la hora: ¿Qué hora es? ¿Tiene hora? Es la una. Son las [dos].
2. preguntar y decir – las horas de salida y llegada: ¿A qué hora sale [el avión]? [El tren] llega a [las 12].
   las horas de apertura y cierre: ¿A qué hora abre [el museo]? [El banco] cierra a [las 4].
   las horas de comienzo y término: ¿A qué hora empieza [el partido]? [La película] termina a [las 11.30].
3. referirse a diferentes partes del día con horas específicas: A las [8 de la mañana].
4. preguntar y decir – el día: ¿Qué día es? Hoy es [lunes].
   la fecha: ¿Qué fecha es? Hoy es [el 25 de noviembre].
5. referirse a fechas futuras: [Mi amigo] llega el [27].
6. pedir a una persona que repita lo que ha dicho: ¿Cómo?

4.2 Y usted ha practicado

1. la tercera persona plural del verbo 'ser': Son las 2.
2. el verbo 'saber' (primera y tercera personas singular): ¿Sabe usted qué hora es? No, no sé.
3. la tercera persona singular de verbos –
   que terminan en '-ar': (llegar) llega
   que terminan en '-er', '-ir': (saber) sabe, (abrir) abre
   que cambian la raíz: (cerrar) cierra
4. omisión del artículo indefinido con el verbo 'tener': No tengo reloj.
   ¿Tiene hora?
5. el uso del artículo definido 'el' con fechas: El 25 de noviembre.
6. el uso de 'de' en expresiones de tiempo: A las 8 de la mañana.
7. el uso de 'a' en expresiones de tiempo: ¿A qué hora abre? A las 7.
8. el uso del adjetivo interrogativo '¿qué?': ¿Qué día es?
9. los números 11–31:

11 once	12 doce	13 trece
14 catorce	15 quince	16 dieciséis
17 diecisiete	18 dieciocho	19 diecinueve
20 veinte	21 veintiuno	22 veintidós
23 veintitrés	26 veintiséis	29 veintinueve
30 treinta	31 treinta y uno	

10. las fechas: El 25 de noviembre.

UNIDAD 6 — ¿En qué puedo servirle?

1.1 Diálogo: En la tienda de ropa
La madre de Carmen quiere comprar un regalo para su hija.

DEPENDIENTA Buenas tardes señora, ¿en qué puedo servirle?
SRA MIRANDA Buenas tardes. Quiero ver unas blusas.
DEPENDIENTA Sí señora. ¿Quiere probarse ésta?
SRA MIRANDA No, no es para mí. Es para mi hija.
DEPENDIENTA Ah, no es para usted. Perdón. ¿Quiere ver éstas entonces?
SRA MIRANDA Sí. Quiero comprar una blusa de seda.
DEPENDIENTA Ah, de seda. Un momento, por favor. ¿Quiere pasar por aquí?

1.2 Pronunciación: e
Escuche y repita.

A1 Buenas tardes.
A2 ¿En qué puedo servirle?
A1 Quiero ver una blusa de seda.

1.3 Práctica en contexto
Un viajero, A1, habla con el agente de viajes, A2.

A2 Buenos días. ¿Qué desea?
A1 Quiero ir a [Barcelona para Navidad].
A2 ¿Cómo quiere ir, [en tren] o [en avión]?
A1 Quiero ir [en avión].
A2 ¿Qué día quiere salir?
A1 El [20] o el [21].
A2 ¿Y qué día quiere volver?
A1 El [30] o el [31].

Practique con:

Sevilla para Semana Santa
en autobús, en tren
el 10 o el 11
el 20 o el 21

Tenerife para Año Nuevo
en avión, en barco
el 27 o el 28
el 6 o el 7

2.1 Diálogo: En la clínica

Pablo ha ido a ver al médico. Habla con la recepcionista.

PABLO ¿Puedo pasar?
RECEPCIONISTA Sí, por supuesto. Siéntese, por favor. ¿Qué desea?
PABLO Quiero ver al Dr García. Tengo hora con él.
RECEPCIONISTA ¿Cómo se llama?
PABLO Pablo Vargas.
RECEPCIONISTA Ah sí. ¿Puede esperar un momento?
PABLO Sí. ¿Puedo fumar?
RECEPCIONISTA No, lo siento. Está prohibido.
  (llama por teléfono)
  Doctor, está aquí el Sr Vargas.
  Bueno, Sr Vargas. Puede pasar.

2.2 Práctica

1. A1 ¿Puedo [pasar]?
   A2 Sí, cómo no.
   o No, lo siento.

2. A2 ¿Puede [pagar ahora]?
   A1 Sí, por supuesto.

Practique con:

sentarme
salir por aquí
fumar
esperar aquí

firmar aquí
esperar un momento
volver mañana
tomar asiento

2.3 Práctica en contexto

A1 quiere cambiar dinero en un banco. Primero habla con un empleado, A2, y luego con otro, A3.

A1 ¿Puedo cambiar dinero aquí?
A2 ¿Quiere ir a la ventanilla número [5]?
A1 Quiero cambiar [libras esterlinas].
A3 ¿[Cheques de viajero]?
A1 No, [billetes].
A3 Muy bien. ¿Quiere [firmar aquí]? ... Gracias.
  ¿Puede [esperar un momento]?

Practique con:

$M pesos (México)

F francos (Francia)

$ dólares (Estados Unidos)

£ libras (Inglaterra)

ptas. pesetas (España)

DM marcos (Alemania occidental)

3.1 Escuchar, mirar y hablar

Mercedes busca una habitación en un hotel en Barcelona. Escuche su conversación con el recepcionista.

MERCEDES	Buenas tardes. ¿Tiene una habitación, por favor?
RECEPCIONISTA	Sí señorita. ¿Para cuántas noches?
MERCEDES	Para una noche.
RECEPCIONISTA	¿Una habitación individual o doble?
MERCEDES	Quiero una habitación individual.
RECEPCIONISTA	¿Con baño o sin baño?
MERCEDES	Con baño.
RECEPCIONISTA	Muy bien, habitación 3.
MERCEDES	¿Puedo ver la habitación?
RECEPCIONISTA	Con mucho gusto. ¿Quiere subir con el mozo?
	(Mercedes sube y vuelve a recepción)
RECEPCIONISTA	¿Le parece bien?
MERCEDES	Sí, está muy bien.
RECEPCIONISTA	¿Puede firmar aquí entonces?
MERCEDES	Cómo no.
RECEPCONISTA	¿Y quiere dejar su pasaporte?
MERCEDES	Aquí tiene usted.

Ahora haga conversaciones similares usando esta información:

personas	👨	👨👩	👨	👩
noches	2	4	3	5
baño	✓	✓	✗	✗

3.2 Improvisación

1. Usted, A1, quiere comprar una camisa para su hermano. Habla con la dependienta, A2.

2. Usted, A1, quiere pasar Semana Santa en Acapulco. El empleado de la agencia de viajes, A2, le pregunta cómo quiere viajar, y si quiere comprar el billete ahora.

3. Usted, A1, está de viaje en Sudamérica. Va a un hotel para buscar una habitación. Allí habla con la recepcionista, A2.

3.3 Escuchar y escribir

Escuche esta conversación entre un viajero y el empleado en una agencia de viajes. Complete las frases con la información dada en la conversación.

1. El viajero quiere ir a ...
2. Quiere ir en ...
3. El billete es para ...
4. Quiere pagar con ...
5. Tiene ...

4 Resumen

4.1 En esta unidad usted ha aprendido a

1. sugerir a una persona que haga una cosa y responder: ¿Quiere [pagar] ahora, (por favor)? *will you pay now*
   ¿Puede [pagar] ahora, (por favor)? *can you pay now*
   Sí, cómo no. *Yes why not / of course*

2. hacer una invitación y responder: ¿Quiere [pasar]? *do want to come in*
   Gracias.

3. expresar voluntad o deseo: *means I* Quiero ir [en avión]. *I want to go by plane*

4. solicitar y negar permiso: ¿Puedo [pasar]? *can I come in*
   No, lo siento. *No I am sorry*

5. dar una autorización: Puede [pasar]. *you can come in*

4.2 Y usted ha practicado

1. el infinitivo de verbos que terminan
   en – '-ar': ¿Quiere pasar? *do you want to come*
   '-er': *indicates the -r to form* ¿Quiere volver mañana? *can you come back tomorrow*
   '-ir': ¿Quiere salir? *Do you to go out*

2. las primera y tercera personas singular de verbos que *can I can you can*
   cambian – 'o-ue': (poder) puedo, puede.
   'e-ie': *want* (querer) quiero, quiere. *to want, I want, do you want*

3. los pronombres preposicionales: No es para mí. *No its not for me*
   I Tengo hora con él. *I have an appointment with him*
   No es para usted. *It is not for you*

4. el uso de 'para' para expresar –
   por destinatario: La blusa es para mi hija.
   duración: Quiero una habitación para dos noches.
   I want a room for 2 nights

5. el uso de 'de' para expresar –
   posesión o relación: La hermana de Carmen. *The sister of Carmen*
   material: Una blusa de seda. *= blouse of silk*

6. el uso de 'en' para expresar medio de transporte: en tren. *By train*

7. el uso de 'por' para expresar dirección: ¿Quiere pasar por aquí? *Would you like to come this way*

8. el uso del adjetivo interrogativo '¿cuánto?': *how many* ¿Para cuántas noches? *For how many nights.*

UNIDAD 7 ¿Qué es esto?

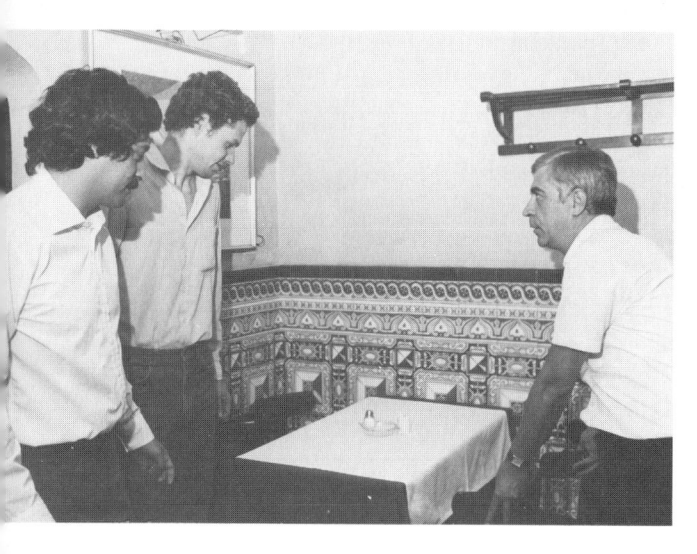

1.1 Diálogo: En el restaurante
Pablo y un amigo han ido a un restaurante.

PABLO   Buenas tardes. ¿Tiene una mesa para dos?
CAMARERO   Sí señor. ¿Quieren sentarse en esta mesa?
PABLO   Y ésa de la ventana, ¿está reservada?
CAMARERO   Sí, lo siento, esa mesa está reservada.
PABLO   Bueno, está bien aquí.
CAMARERO   Este es el menú del día.

1.2 Práctica

1. A   [Este] es [el menú].

2. A   [Esta] es [la mesa].

3. A1   ¿Es [éste] [el menú]?
   A2   Sí, es [éste].

4. A1   ¿Es [ésta] [la mesa]?
   A2   Sí, es [ésta].

Practique con:

el hotel
el autobús
la habitación
la calle

1.3 Práctica en contexto
A1 busca su camino en el centro de la ciudad.

1. A1   ¿Es [ésta] [la Calle Mayor]?
   A2   No, [la Calle Mayor] es [ésa].

2. A1   ¿Es [éste] [el autobús para el centro]?
   A3   No, [el autobús para el centro] es [ése].

Practique con:

el Hotel María Cristina
el menú del día
la habitación número uno
la mesa reservada para
    el Sr Vargas

1.4 Pronunciación: i, u
Escuche y repita.

1. A1   ¿[Este] es [el menú del día]?
   A2   Sí, es [éste].

2. A3   ¿[Esta] es [la habitación número uno]?
   A4   Sí, es [ésta].

2.1 Diálogo: En la tienda

Javier está de compras y habla con la dependienta.

JAVIER	¿De qué talla son esos pantalones?
DEPENDIENTA	¿Cuáles? ¿Estos?
JAVIER	Sí, ésos.
DEPENDIENTA	Son de la 50.
JAVIER	¿De qué son?
DEPENDIENTA	Son de algodón.
JAVIER	¿Puedo probármelos?
DEPENDIENTA	Sí, cómo no. ¿Quiere pasar por aquí?

2.2 Práctica en contexto

A1 busca un vestido en la tienda de ropa.

A1 ¿Puede decirme la talla de [este vestido]?
A2 Sí, es de la talla [treinta].

Practique con: estos pantalones, este vestido, este jersey, esta falda, esta chaqueta

2.3 Práctica en contexto

A1 busca zapatos en la zapatería.

A1 ¿De qué número son [esos zapatos]?
A2 Son del [cuarenta].

Practique con: esos zapatos,  esas botas, 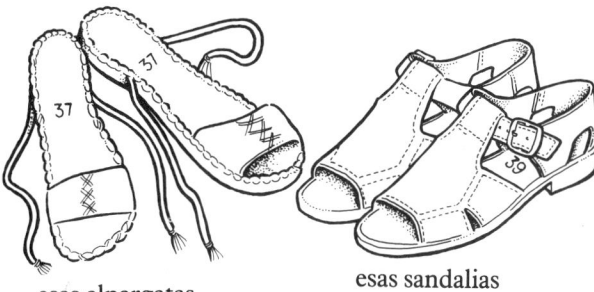 esas alpargatas, esas sandalias

2.4 Práctica en contexto

A1 quiere alquilar un coche. Pregunta al empleado sobre el interior.

A1 ¿Qué es esto?
A2 Es [el intermitente].
A1 ¿Y eso?
A2 Es [el freno].

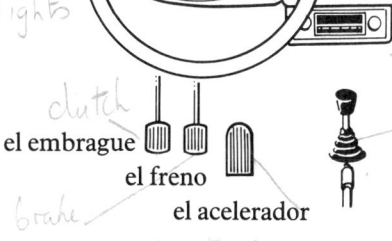

los faros — el intermitente — el arranque — la radio

Practique con: el embrague, el freno, el acelerador

3.1 Mirar y hablar

A1 pasa por la aduana en un país de habla española y habla con el funcionario, A2.

A2 ¿Tiene usted algo que declarar?
A1 No, no tengo nada.
A2 ¿Cuál es su equipaje, por favor?
A1 Esta maleta y ésta también.
A2 ¿Quiere abrir ésa?... ¿Qué es eso?
A1 Es una cafetera eléctrica.
A2 ¿Es para su uso personal?
A1 Sí, sí, claro.
A2 ¿Y qué lleva en esa maleta?
A1 Estos son libros.
A2 Muy bien. Puede cerrar la maleta.

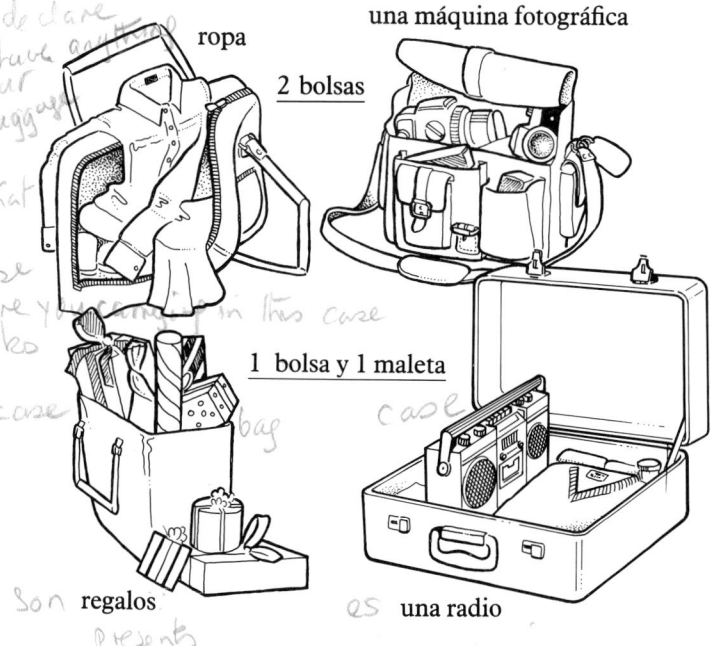

Practique con:
una máquina fotográfica
ropa
2 bolsas
1 bolsa y 1 maleta
regalos
una radio

3.2 Improvisación

1. Usted, A1, busca la Calle de Quintana y la parada del autobús número 52. Pregunta a un transeúnte, A2, si está en la calle y la parada correctas. A2 dice que sí.

2. Usted, A1, busca ropa en una tienda. Pregunta las tallas o los números al empleado, A2.

3. Usted, A1, pasa por la aduana en coche. El funcionario, A2, quiere ver lo que lleva en el maletero.

3.3 Escuchar y escoger

En el restaurante A pide al camarero que le explique en qué consiste cada plato. Escuche la conversación y complete el menú con los platos indicados.

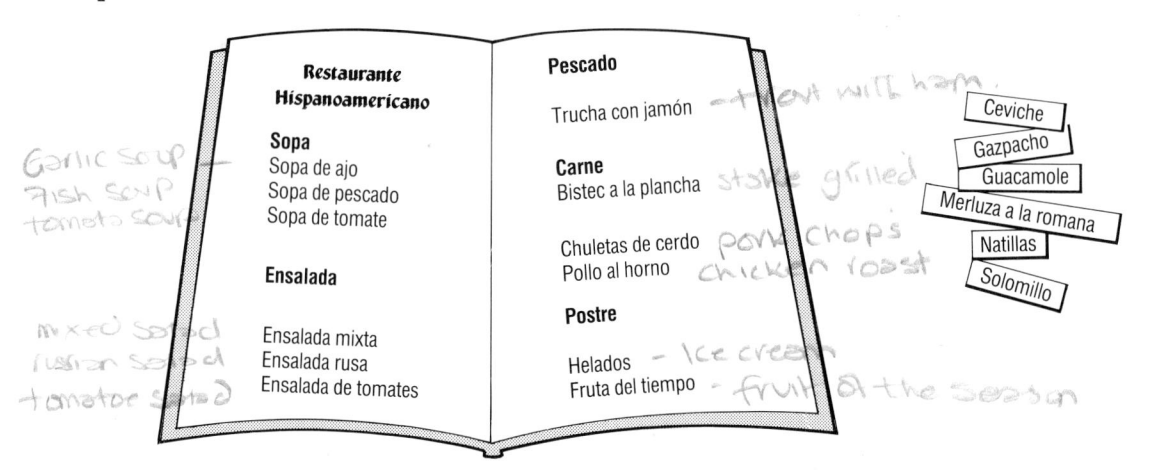

Restaurante Hispanoamericano

Sopa
Sopa de ajo
Sopa de pescado
Sopa de tomate

Ensalada
Ensalada mixta
Ensalada rusa
Ensalada de tomates

Pescado
Trucha con jamón

Carne
Bistec a la plancha
Chuletas de cerdo
Pollo al horno

Postre
Helados
Fruta del tiempo

Ceviche
Gazpacho
Guacamole
Merluza a la romana
Natillas
Solomillo

4 Resumen

4.1 En esta unidad usted ha aprendido a

1. hacer preguntas para identificar algo:
   ¿Es [éste] [el autobús para el centro]?
   ¿Qué es esto?

2. dar información sobre identidad o naturaleza:
   [Este] es [el menú del día].
   Es [el intermitente].

3. hacer preguntas y dar información sobre
   tamaño de – ropa:
   ¿De qué talla son [esos pantalones]?
   Son de la [50].
   zapatos:
   ¿De qué número son [esos zapatos]?
   Son del [40].

4. describir una cosa en relación al material del que está hecha:
   ¿De qué son [esos pantalones]?
   Son de [algodón].

4.2 Y usted ha practicado

1. los pronombres demostrativos – éste:
   Este es el menú.
   Esta es la mesa.
   ¿Qué es esto?
   ése:
   La Calle Mayor es ésa.
   El autobús para el centro es ése.
   ¿Y eso?

2. los adjetivos demostrativos – en singular:
   ¿Puede decirme la talla de este vestido?
   en plural:
   ¿De qué número son esos zapatos?

3. el uso del interrogativo plural '¿cuáles?':
   ¿Cuáles (pantalones)?

4. el uso de 'de' para expresar –
   situación fija:
   La mesa de la ventana.
   tamaño:
   Son de la talla 50.
   ingredientes:
   sopa de ajo

5. el uso de 'en' para expresar instalación en un lugar:
   ¿Quieren sentarse en esa mesa?

6. los números 30–59:
   30 treinta
   31 treinta y uno
   39 treinta y nueve
   40 cuarenta
   41 cuarenta y uno
   49 cuarenta y nueve
   50 cincuenta
   51 cincuenta y uno
   59 cincuenta y nueve

UNIDAD 8   Me gusta

1.1 Diálogo: Entre conocidos
Luis e Inge están en una conferencia en Sevilla.

LUIS   ¿Qué te parece la conferencia hasta ahora?
INGE   Me parece muy interesante.
LUIS   Y Carmen, ¿qué te parece?
INGE   Ah, Carmen es estupenda.
LUIS   Sí, es muy simpática, ¿verdad?
        Y ¿qué te parece Sevilla? ¿Te gusta?
INGE   Claro, me gusta mucho.
LUIS   Sí, a mí me encanta.

1.2 Práctica

1. A1 ¿Qué te/le parece [España]?
   A2 Me parece [muy interesante].

2. A1 ¿Qué te/le parecen [los españoles]?
   A2 Me parecen [muy simpáticos].

3. A1 ¿Te/le gusta [España]?
   A2 Me gusta mucho [(España)].
   o No me gusta mucho [(España)].

4. A1 ¿Te/le gustan [los españoles]?
   A2 Me gustan mucho [los españoles].
   o No me gustan mucho [los españoles].

Practique con:

la conferencia, un poco aburrida
Carmen, muy agradable
el país, estupendo
el restaurante, caro

los catalanes, trabajadores
los andaluces, alegres
los vascos, serios
los gallegos, amables

el vino tinto
la comida francesa

los mariscos
las aceitunas

1.3 Pronunciación: r, rr
Escuche y repita.

1. A1 ¿Qué te parece el restaurante?
   A2 Me parece muy bien.

2. A1 Pablo es muy trabajador, ¿verdad?
   A2 Sí, pero es un poco aburrido.

2.1 Diálogo: en el aeropuerto

'**Atención señores pasajeros. El avión a Barcelona va a salir con una hora de retraso.**'

PASAJERA 1 Estos aviones. Nunca salen a tiempo. No me gusta el avión. Prefiero el tren.
PASAJERA 2 Sí, el tren es más cómodo. Pero el avión es más directo, ¿no?
PASAJERA 1 Bueno, pero en el tren me gusta ver el paisaje, en el avión usted no ve nada, absolutamente nada.
PASAJERA 2 Sí, es verdad. ¿Y a usted le gustan las comidas en el avión?
PASAJERA 1 Uy. Son horribles. No me gustan nada.
PASAJERA 2 Bueno, pero depende de la compañía. A mí me gusta mucho el servicio en esos aviones sudamericanos.

2.2 Práctica

1. A1 ¿(A usted) le gusta *[viajar]*?
   A2 Sí, a mí me gusta (mucho) *[(viajar)]*.
        o No, a mí no me gusta (nada) *[(viajar)]*.

2. A1 ¿Prefiere *[viajar en avión]*?
   A2 No, prefiero *[el tren]*.

Practique con:

nadar
en el río
en el mar

leer
revistas
periódicos

escuchar música
clásica
popular

ir de camping
a la montaña
a la playa

3.1 Mirar y hablar

Inge está en unos almacenes para comprarse un bolso. Habla con la dependienta.

DEPENDIENTA	Buenos días. ¿Qué desea?
INGE	Buenos días. Quiero comprar un bolso.
DEPENDIENTA	Muy bien. ¿Le gustan éstos, de plástico? Están de oferta.
INGE	Sí, me gustan. Pero prefiero éstos, de cuero, porque son más elegantes.

Ahora haga unas conversaciones en la tienda de comestibles con la información dada abajo.

vino español
vino francés } más seco

cerveza alemana
cerveza española } más fuerte

uvas negras
uvas blancas } más dulces

3.2 Improvisación

1. **Usted, A1, entra en una tienda a comprar. La dependienta, A2, le enseña varios artículos. Diga cuál o cuáles prefiere, y por qué.**

2. **Usted, A1, está de visita en España, y habla con un español, A2. El español le pregunta su opinión sobre el país, los habitantes de las diferentes regiones, y los platos españoles.**

3. **Usted, A1, habla con un estudiante español, A2, sobre los idiomas que habla, qué idioma le gusta más, y por qué.**

3.3 Escuchar y escoger Ω
Escuche esta conversación entre Inge y Pablo e indique sus preferencias en la tabla (√, **X**).

	ver T.V.	escuchar música	bailar	teatro	cine	tenis	natación
Inge Pablo							

4 Resumen

4.1 En esta unidad usted ha aprendido a

1. expresar gustos: ¿Te gusta [España]?
   Sí, me gusta (mucho).
2. expresar aversiones: No me gusta (mucho).
3. expresar preferencias: ¿Prefiere [viajar en avión]?
   No. Prefiero [viajar en tren].
4. pedir y expresar opiniones: ¿Qué te parece [la conferencia]?
   Me parece [muy interesante].
5. dar una razón por su preferencia: Prefiero [estos bolsos] porque [son más elegantes].

4.2 Y usted ha practicado

1. la tercera persona plural de verbos
   que terminan en – '-ar': Me gustan mucho los españoles.
              '-er': ¿Qué te parecen los españoles?
2. los pronombres de complemento indirecto en
   singular: España me gusta mucho.
   ¿Qué te/le parecen los españoles?
3. el uso del adverbio de comparación 'más': Los bolsos de cuero son más elegantes.
4. el uso del relativo 'porque': Prefiero estos bolsos porque son más elegantes.

UNIDAD 9 — Quiero café con leche

1.1 Diálogo: En el hotel

Inge y su marido quieren tomar el desayuno en la habitación. Inge llama a recepción.

RECEPCIONISTA	¿Dígame?
INGE	Buenas noches. Aquí la habitación 9. Mañana queremos el desayuno en la habitación, por favor.
RECEPCIONISTA	Muy bien. ¿Qué quieren tomar?
INGE	Queremos jugo de naranja, café, y tostadas.
RECEPCIONISTA	El café, ¿cómo lo prefieren? ¿Con leche o sin leche?
INGE	Con leche los dos.
RECEPCIONISTA	Y las tostadas, ¿las quieren con mermelada?
INGE	Sí, con mantequilla y mermelada.
RECEPCIONISTA	Muy bien. Gracias, señora. El desayuno lo servimos a las 8.30, ¿está bien?
INGE	Sí, muy bien. Bueno, gracias, buenas noches.

1.2 Pronunciación: d

Escuche y repita.

A1 Buenos **d**ías. ¿Pue**d**en servirme el **d**esayuno en la habitación?
A2 Sí señor. La habitación **d**iecisiete, ¿ver**d**a**d**?
A1 Sí. Quiero café y tosta**d**as con mermela**d**a.

1.3 Práctica

			Practique con:
1. (el pollo)	A1	¿Cómo lo preparan?	el bistec
	A2	Lo preparamos con [salsa de tomate].	con pimienta y ajo
2. (los cafés)	A1	¿Cómo los toman?	los tés
	A2	Los tomamos con [leche].	con limón
3. (la cena)	A1	¿A qué hora la sirven?	la comida
	A2	La servimos a las [9].	a las 2
4. (las tostadas)	A1	¿Cómo las quieren?	las bebidas
	A2	Las queremos con [mantequilla y mermelada].	con hielo

2.1 Diálogo: En Correos

Brigitte quiere mandar un telegrama a Carmen. Habla con la empleada en Correos.

BRIGITTE Quiero mandar un telegrama a Barcelona.
EMPLEADA Tiene que rellenar un formulario.
BRIGITTE ¿Usted los tiene?
EMPLEADA No. Están en la mesa.
BRIGITTE ¿Puede prestarme su bolígrafo, por favor?
EMPLEADA Cómo no. Tenga.
BRIGITTE Gracias . . . Donde pone 'domicilio', ¿qué pongo? ¿Tengo que poner mi dirección en España?
EMPLEADA Sí, tiene que poner su dirección aquí, o su hotel.
BRIGITTE Muy bien, gracias.

2.2 Práctica

1. A1 ¿Tiene [un bolígrafo]?
   A2 Sí (tengo).
      o No (no tengo).

2. A1 Quiero [papel].
   A2 Tenga.

3. A1 ¿Tengo que [rellenar este formulario]?
   A2 Sí, tiene que [rellenarlo].

Practique con:

un formulario   una hoja
un sello   una postal

papel de escribir   tinta
sellos   postales

mandar un telegrama
poner mi dirección
contestar estas preguntas

2.3 Práctica en contexto

A1 está en la papelería para comprar sobres.

A1 Tengo que [mandar una carta] [al extranjero]. ¿Tienen [sobres de avión]?
A2 Sí señor. Tenemos [sobres] y [papel de escribir] también, si quiere.
A1 Gracias. ¿Y tienen [sellos]?
A2 Aquí no tenemos [sellos]. Tiene que ir [al estanco aquí a la izquierda].

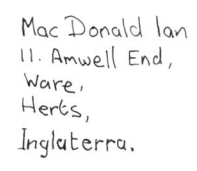

Practique con:

llamar por teléfono
a Inglaterra
guías de Londres
la lista de códigos
fichas
la ventanilla al lado de la puerta

reservar una habitación
en Madrid
una lista de hoteles
una lista de hostales
un horario de trenes
la estación

Mac Donald Ian
11. Amwell End,
Ware,
Herts,
Inglaterra.

3.1 Leer y hablar

Usted, A1, está de compras. Lea la lista y hable con la dependienta, A2.

A1 Buenos días. Una botella de vino, por favor.
A2 ¿Tinto o blanco?
A1 Tinto. Y un litro de aceite.
A2 ¿De oliva o de girasol?
A1 De girasol. ¿Tiene pescado en lata?
A2 Sí tengo. ¿Quiere atún o sardinas?
A1 Atún. ¿Y quiere darme dos kilos de patatas?
A2 ¿Tiene una bolsa?
A1 Sí, tenga. Y un kilo de cebollas.
A2 Aquí las tiene. ¿Algo más?
A1 Sí. Medio kilo de carne.
A2 ¿De vaca o de cerdo?
A1 De vaca. Y una docena de huevos.
A2 Muy bien. ¿Nada más?
A1 Nada más, gracias.

```
vino tinto
1 litro aceite
   de girasol
1 lata de atún
2 kg patatas
1 kg cebollas
½ kg carne
1 docena huevos
```

Ahora haga usted otra conversación para comprar estas cosas.

```
2 botellas leche           ½ kilo tomates
1 litro vino blanco        ½ kilo queso manchego
1 kilo uva blanca          1 paquete mantequilla
```

3.2 Improvisación

1. Usted, A1, entra en Correos y le dice al empleado, A2, que quiere mandar un giro postal a su país. El empleado le pide que rellene un formulario. Pida también un sello.

2. Usted, A1, hace una lista de compras. Entra en una tienda y pide al empleado, A2, las cosas que tiene en la lista.

3.3 Escuchar y escoger

Escuche esta conversación entre Carmen y el vendedor en un mercado y escoja la lista que corresponde a lo que pide Carmen.

1
```
vino tinto 1 L.
patatas 1 kg.
tomates 1 kg.
huevos 6
queso ½ kg.
leche 1 bot.
```

2
```
vino blanco 1 L.
aguacates ½ kg.
tomates 1 kg.
huevos 1 doc.
queso ½ kg.
leche 2 bot.
```

3
```
vino tinto 1 L.
aguacates ½ kg.
tomates 1 kg.
huevos 12
queso ½ kg.
aceite 1 bot.
```

4 Resumen

4.1 En esta unidad usted ha aprendido a

1. expresar deseos:

   ¿Qué quieren tomar?
   Queremos [jugo de naranja], [café], y [tostadas].

2. hacer preguntas y responder sobre la manera de preparación de alimentos:

   ¿Cómo preparan [el pollo]?
   [Lo] preparamos con [salsa de tomate].

3. hacer preguntas y responder en relación a la disponibilidad de algo:

   ¿Tiene [un bolígrafo]?
   Sí, (tengo).
   No, (no tengo).

4. hacer preguntas con respecto a la obligatoriedad de una acción:
5. expresar obligación:
6. expresar cantidades y pesos:

   ¿Tengo que [rellenar este formulario]?
   Tiene que [rellenar este formulario].
   Sí, tiene que [rellenarlo].
   una botella de vino
   un litro de aceite
   un kilo de cebollas
   una docena de huevos

4.2 Y usted ha practicado

1. los pronombres de complemento directo de tercera persona:

   (el pollo) ¿Cómo lo preparan?
   (la cena) ¿A qué hora la sirven?
   (los cafés) ¿Cómo los toman?
   (las tostadas) ¿Cómo las quieren?

2. las primera y tercera personas del plural del presente de verbos que terminan
   en – 'ar':

   '-er', y que cambian de raíz 'e-ie':

   '-ir', y que cambian de raíz 'e-i':

   ¿Cómo toman los cafés?
   Los tomamos con leche.
   ¿Cómo quieren las tostadas?
   Las queremos con mermelada.
   ¿A qué hora sirven la cena?
   La servimos a las 9.

3. las medidas:

   un litro de aceite

UNIDAD 10 — Me levanto a las ocho

1.1 Diálogo: Preparando el viaje

Carmen se prepara para ir de vacaciones. Habla con Pablo.

PABLO   ¿A qué hora sales mañana?
CARMEN   Salgo a las ocho de la mañana.
PABLO   ¡Uy, qué horror! ¿A qué hora tienes que estar en el aeropuerto?
CARMEN   Tengo que estar una hora antes – a las siete.
PABLO   Bueno, no te preocupes. Yo vengo a recogerte.
CARMEN   No, no, qué va. No puedes hacer eso.
PABLO   Sí puedo. Insisto. Paso por ti a las seis y media. ¿Te parece bien?
CARMEN   Bueno, te lo agradezco mucho.

1.2 Práctica

	yo	tú	él/ella, usted	nosotros/nosotras	vosotros/vosotras	ellos/ellas, ustedes
agradecer	agradezco	agradeces	agradece	agradecemos	agradecéis	agradecen
ir	voy	vas	va	vamos	vais	van
poder	puedo	puedes	puede	podemos	podéis	pueden
salir	salgo	sales	sale	salimos	salís	salen
tener	tengo	tienes	tiene	tenemos	tenéis	tienen
venir	vengo	vienes	viene	venimos	venís	vienen
ver	veo	ves	ve	vemos	veis	ven

1.3 Pronunciación: b, v

Escuche y repita.

1. A   **V**engo a las nueve.
2. A   El a**v**ión a **B**arcelona sale a las **v**einte horas.
3. A   El **b**anco abre los **v**iernes tam**b**ién.

1.4 Práctica en contexto

A2 y A3 salen de viaje. A1 les pregunta cuándo salen.

A1   ¿A qué hora salís [mañana]?
A2   Salimos a las [7.30].
A1   ¿A qué hora tenéis que estar en [el aeropuerto]?
A3   Tenemos que estar a las [6.30].

Practique con:

el lunes	el miércoles	el viernes
9	11.15	10.45
la terminal	la estación	el barco
8.30	11	9.45

2.1 Diálogo: Entre amigos

Fernando y Mercedes hablan de sus planes para este fin de semana.

FERNANDO ¿Vas a la fiesta el viernes?
MERCEDES No, no voy.
FERNANDO Pero no vas nunca a las fiestas. ¿Por qué no?
MERCEDES Porque no me gustan mucho.
FERNANDO Pues yo siempre voy. Me gustan mucho.
MERCEDES Pero los sábados siempre te levantas tarde, ¿no?
FERNANDO No siempre. A veces duermo hasta las 10 o las 11, pero otras veces me levanto a las 8.30 o las 9.
MERCEDES Pues en general yo me levanto a las 8 y voy a la biblioteca para trabajar.
FERNANDO ¡Qué trabajadora!

2.2 Práctica

A1 ¿A qué hora [se levanta (usted)]?
A2 Siempre/a veces/generalmente/nunca me levanto [a las 7.30].

2.3 Práctica/Sobre usted

Un amigo español le hace a usted unas preguntas sobre su vida diaria. Conteste las preguntas.

1. A ¿A qué hora [te levantas]?
2. A ¿A qué hora [desayunas]?
3. A ¿A qué hora [sales de casa]?
4. A ¿A qué hora [tienes que estar en el trabajo]?
5. A ¿A qué hora [comes]?
6. A ¿A qué hora [vuelves a casa]?
7. A ¿A qué hora [cenas]?
8. A ¿A qué hora [te acuestas]?

3.1 Mirar, leer y hablar/Sobre usted

Mire los dibujos, lea lo que dicen de Javier, y luego dé el mismo tipo de información sobre usted.

1. Javier se levanta todos los días a las 7.30.
2. Primero va al baño y se lava.
3. Generalmente desayuna a las 8.
4. Siempre toma un jugo de naranja y un café.
5. A veces toma huevos fritos y tostadas.
6. Lee el periódico mientras come.
7. Luego sale de casa a las 8.30.
8. Generalmente va al trabajo en autobús.
9. Y siempre llega al trabajo a las 9.

3.2 Improvisación

1. Usted, A1, se encuentra con un amigo, A2, que sale de viaje. Pregúntele adónde va, en qué va, a qué hora sale, y a qué hora tiene que salir de su casa.

2. Usted, A1, y una persona que acaba de conocer, A2, hablan sobre sus actividades diarias.

3.3 Escuchar y escoger

Escuche esta conversación entre un hombre de negocios, el Sr Navarro, y su secretaria. Ponga los días de la semana y las actividades en el lugar que corresponde en la agenda.

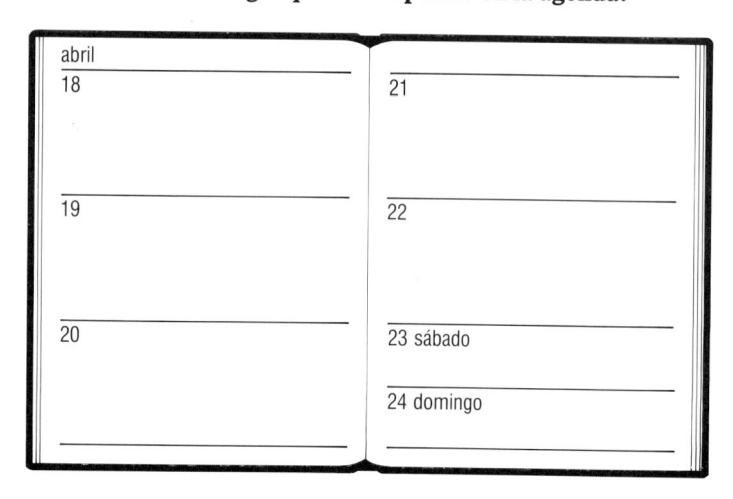

abril

18	21
19	22
20	23 sábado
	24 domingo

almorzar con representante alemán
visitar fábrica
recibir comisión japonesa 11 a.m.
ir al Club de la Unión
llamar al Sr Martínez a.m.
reunión con jefes de departamento 9 a.m.

4 Resumen

4.1 En esta unidad usted ha aprendido a

1. referirse a acciones acostumbradas: Javier se levanta todos los días *[a las 7.30]*.
2. referirse al futuro próximo: Tengo que *[estar en el aeropuerto]* *[a las 7]*.
   No voy *[a la fiesta]* *[el viernes]*.
3. referirse a la frecuencia con que se hace algo: A veces/generalmente/nunca me levanto *[a las 7.30]*.
4. dar las gracias – a un amigo: Te lo agradezco mucho.
   a un conocido/desconocido: Se lo agradezco mucho.

4.2 Y usted ha practicado

1. las formas de singular del presente de verbos que terminan en – '-ar':
   Siempre me levanto a las 7.
   ¿Los sábados siempre te levantas tarde?
   ¿A qué hora se levanta (usted)?
   Javier se levanta a las 7.30.

   '-er', '-ir':
   Como a las 2.
   ¿A qué hora comes?
   ¿A qué hora come (usted)?
   Javier lee el periódico mientras come.

2. las formas del presente de verbos que cambian de raíz 'o-ue': (poder) puedo, puedes, puede, podemos, podéis, pueden.
3. las formas del presente del verbo 'ir': voy, vas, va, vamos, vais, van.
4. las formas del presente del verbo 'tener': tengo, tienes, tiene, tenemos, tenéis, tienen.
5. las formas de primera persona del presente de verbos que terminan en '-go':
   (salir) Salgo a las 8.
   (tener) Tengo que estar a las 7.
   (venir) Vengo a recogerte.
6. las formas de primera persona del presente de verbos que terminan en '-zco': Te lo agradezco mucho.
7. las formas de singular del presente de verbos reflexivos:
   Me levanto a las 7.
   ¿Siempre te levantas tarde?
   ¿A qué hora se levanta (usted)?
   Javier se levanta a las 7.30.
8. las formas de los pronombres personales del sujeto: yo, tú, él/ella, usted, nosotros/nosotras, vosotros/vosotras, ellos/ellas, ustedes.
9. el uso de los pronombres personales del complemento directo e indirecto: Te lo agradezco mucho.
10. el uso de los adverbios temporales: Siempre me levanto a las 8.
11. el uso del negativo 'nunca': Nunca me levanto a las 7.
    No me levanto nunca a las 7.
12. el uso del exclamativo 'qué': ¡Qué horror!
    ¡Qué trabajadora!

UNIDAD 11 ¿De parte de quién?

1.1 Diálogo: Una cita

Martin Johnson tiene una cita con el gerente de una compañía. Habla con la recepcionista.

RECEPCIONISTA Buenos días. ¿Qué desea?
MARTIN Buenos días. Tengo una cita con el gerente a las diez.
RECEPCIONISTA ¿Cómo se llama usted, por favor?
MARTIN Martin Johnson. Acabo de llegar de Chicago.
RECEPCIONISTA ¿Cómo se escribe su apellido? ¿Con jota?
MARTIN Sí, J–O–H–N–S–O–N.
RECEPCIONISTA Se pronuncia 'Johnson', ¿no?
MARTIN Sí, 'Johnson'.
RECEPCIONISTA Un momento, por favor, señor Johnson.

1.2 Pronunciación: g, j

Escuche y repita.

1. A Tengo una cita.
2. A Tengo una cita con el gerente.
3. A Mi apellido se escribe con jota.

1.3 Práctica en contexto/Sobre usted

Usted, A1, tiene una cita con el director de un instituto de idiomas en España. Primero habla con la secretaria del director, A2.

A2 *[Buenas tardes]*. ¿Qué desea?
A1 *[Buenas tardes]*. Tengo una cita con *[el director] [a las cinco]*.
A2 ¿Cómo se llama usted, por favor?
A1 (*su nombre completo*)
A2 ¿Cómo se escribe su apellido?
A1 (*deletree su apellido*)
A2 ¿Cómo se pronuncia?
A1 (*pronuncie su apellido*)
A2 Gracias. Un momento, por favor.

Practique con:

Srta Brigitte Moreau
11.15 médico

Sr Michael Phillips
12.30 dentista

Sra Susan Brown
14.00 jefe de ventas

2.1 Diálogo: Al teléfono 🎧

Michael Phillips llama a su colega y amigo, Pablo Vargas. Primero contesta la secretaria.

SECRETARIA Vargas Hermanos, ¿dígame?
MICHAEL Buenas tardes. ¿Está Pablo Vargas, por favor?
SECRETARIA Sí, sí está. ¿De parte de quién?
MICHAEL De parte de Michael Phillips. Llamo de Valencia.
SECRETARIA Sí, un momento, por favor...
Señor Vargas, hay una llamada de Valencia para usted.

PABLO Sí, ¿dígame?
MICHAEL ¿Pablo?
PABLO Sí, ¿quién habla?
MICHAEL Soy Michael Phillips.
PABLO ¡Hombre! ¡Qué sorpresa! ¿Cómo estás?
MICHAEL Muy bien, ¿y tú?
PABLO Bien, gracias.

2.2 Práctica en contexto

A1 marca un número equivocado. Responde A2.

A1 (*marca*) [Dos, dieciocho, ochenta y nueve, noventa y seis].
A2 ¿Dígame?
A1 Hola. ¿Está [Carlos]?
A2 ¿[Carlos]? No, no vive aquí.
A1 ¿Ese es el [dos, dieciocho, ochenta y nueve, noventa y seis]?
A2 No, está equivocado. Este es el [dos, dieciocho, ochenta y nueve, noventa y siete].
A1 Perdone.
A2 No es nada, adiós.

Practique con:

Beatriz	4 37 30 14
	4 36 30 14
Manuel	2 59 01 21
	2 59 02 21
Jorge	7 97 12 00
	7 98 12 00
Dolores	6 43 52 61
	6 43 52 71

2.3 Práctica en contexto/Sobre usted

Usted, A1, llama por teléfono a un amigo. Responde un desconocido, A2.

A1 (*marca el número del amigo*)
A2 ¿Dígame?
A1 Hola. ¿Está (*nombre del amigo*)?
A2 ¿De parte de quién?
A1 De parte de (*su nombre*).
A2 Un momento. Ahora [lo] llamo.

3.1 Mirar y hablar

A1 llama a la Telefónica para pedir una llamada internacional de persona a persona. Esta es la conversación entre A1 y la telefonista, A2.

A2 Internacional. ¿Dígame?
A1 Quiero llamar a Roma, de persona a persona.
A2 ¿Qué número de Roma?
A1 El 49 55 30.
A2 ¿Cuál es el nombre de la persona?
A1 Mario Fabrizzi.
A2 ¿Cómo se escribe Fabrizzi?
A1 F–A–B–R–I–Z–Z–I.
A2 ¿Su nombre?
A1 Giácomo Massini.
A2 ¿Cuál es su número de teléfono?
A1 Es el 95 71 02.
A2 Bien. ¿Quiere esperar un momento, por favor?

MARIO FABRIZZI

Tel. 49 55 30 Roma

Usted, A1, quiere hacer varias llamadas internacionales. Hable con la telefonista, A2, y pida hablar con cada una de estas personas:

| Alfredo Kraus

Tel. 96 77 41
Buenos Aires | MARIA OLBONI

Tel. 85 33 29

RIO DE JANEIRO | INGRID HARTMANN

Tel. 48 62 71
BERLIN | Jean-Paul Laurent

Tel. 57 81 00
París |

3.2 Escuchar y escoger 🎧

Lea estas tres notas. Luego escuche la conversación telefónica y decida cuál de las tres notas contiene información sobre la conversación. Escoja a., b. o c.

a. El Sr Fernando Alvarez llamó por teléfono. Su número es el 58 59 40.

b. El Sr Alvaro Fernández llamó por teléfono. Su número de teléfono es el 59 85 40.

c. El Sr Alvaro Hernández llamó por teléfono. Su número es el 58 95 40.

Ahora vuelva a escuchar la conversación y haga otra similar. A1 es la secretaria, A2 se llama Rodríguez y su número de teléfono es el 67 32 06.

3.3 Improvisación/Sobre usted

Usted, A1, está de vacaciones en un país de habla española y quiere llamar por teléfono a una persona en su propio país. Continúe esta conversación con la telefonista, A2, usando como modelo el ejercicio 3.1.

A1 (*marca*)
A2 Internacional. ¿Dígame?

4 Resumen

4.1 En esta unidad usted ha aprendido a

1. decir que tiene una cita con una persona:	Tengo una cita con [el gerente].
2. preguntar y decir cómo se escribe una palabra:	¿Cómo se escribe [su apellido]?
	[Mi apellido] se escribe [J-O-H-N-S-O-N].
3. preguntar y decir cómo se pronuncia una palabra:	¿Cómo se pronuncia [su apellido]?
	[Mi apellido] se pronuncia [Johnson].
4. responder al teléfono:	¿Díga(me)?
5. pedir por teléfono a una persona que se identifique y a identificarse:	
	¿De parte de quién?
	De parte de [Michael Phillips].
	Yo soy [Michael Phillips].
6. decir números de teléfono con dobles cifras:	2 37 30 14 = dos, treinta y siete, treinta, catorce.

4.2 Y usted ha practicado

1. frases impersonales con la palabra 'se' seguida de un verbo en tercera persona singular, en frases interrogativas:
2. y en frases afirmativas:
3. las letras del alfabeto y su pronunciación:

¿Cómo se escribe su nombre?
Se escribe con jota.

a (a)	b (be)	c (ce)
ch (che)	d (de)	e (e)
f (efe)	g (ge)	h (ache)
i (i)	j (jota)	k (ka)
l (ele)	ll (elle)	m (eme)
n (ene)	ñ (eñe)	o (o)
p (pe)	q (cu)	r (ere)
rr (erre)	s (ese)	t (te)
u (u)	v (uve)	w (uve doble)
x (equis)	y (i griega)	z (ceta)

4. los números 0–99:

0 cero (Ver páginas 12, 20 y 28 para los números 1–59.)
63 sesenta y tres 75 setenta y cinco
87 ochenta y siete 99 noventa y nueve

UNIDAD 12 — ¿Cómo es?

1.1 Diálogo: En una recepción

Carmen busca al Sr Real en su hotel. Acaba de hablar con él, y pregunta al portero.

CARMEN   Buenas tardes. El Sr Javier Real está aquí, ¿verdad?
PORTERO ¿El Sr Real? Perdone usted, pero yo no lo conozco. ¿Cómo es?
CARMEN   Es alto, delgado, y rubio, de unos cuarenta años. Lleva una chaqueta gris y pantalones negros.
PORTERO Un momento, por favor. Voy a buscarlo... Perdone. Usted es el Sr Real, ¿no?
SR REAL Sí, soy yo.
PORTERO Una señorita quiere hablar con usted. Lo espera en recepción.

1.2 Entonación

Escuche y repita.

1. A1 El señor Real está aquí, ¿verdad?
   A2 No sé. No lo conozco.

2. A1 Usted es el señor Real, ¿no?
   A2 Sí, soy yo.

1.3 Práctica en contexto

A2 busca a una conocida. A1 pide que la describa.

1. A1 ¿Cómo es [Begoña]?
   A2 [Begoña] es [alta] y [morena].

2. A1 ¿Cuál es [Begoña]?
   A2 Es [la] que lleva [la falda negra] y [la blusa blanca].

Practique con:

alto	rubio	delgado
bajo	moreno	gordo
un vestido	una blusa	una camisa
un traje	una falda	pantalones

Mariano   Beatriz   Ana y Miguel

2.1 Diálogo: Entre amigos

Pablo y Luis discuten a Brigitte. Pablo no la conoce, pero Luis sí.

PABLO ¿Cómo es Brigitte?
LUIS Es muy guapa.
PABLO ¿Es morena?
LUIS Sí, tiene pelo negro.
PABLO ¿De qué color son sus ojos?
LUIS Tiene ojos marrones.
PABLO ¿Y cuántos años tiene?
LUIS Tiene veintidós años.
PABLO Es menor que Carmen, ¿no?
LUIS Sí, Carmen es mayor que ella.

2.2 Práctica en contexto/Sobre usted

Usted, A1, describe a un amigo usando la información del formulario. A2 hace las preguntas.

Nombre: Julio Larraín Hidalgo
Nacionalidad: chilena
Edad: 28 años
Color: moreno
Pelo: negro
Ojos: marrones

A2 ¿Cómo se llama [tu amigo]?
A2 ¿De dónde es?
A2 ¿Cuántos años tiene?
A2 ¿Es mayor o menor que tú?
A2 ¿De qué color es su pelo?
A2 ¿De qué color son sus ojos?
A2 ¿Es [guapo]?

Practique con:

pelo	castaño
	negro
	rubio

ojos	marrones
	negros
	azules
	verdes

2.3 Improvisación/Sobre usted

A2 llena un formulario con información sobre usted, A1. Responda a las preguntas de A2.

3.1 Mirar y hablar
Dos turistas hablan sobre el personal del hotel.

A1 ¿Qué te parece la guía?
A2 A mí me parece muy simpática, ¿y a ti?
A1 A mí también. ¿Qué te parecen los camareros?
A2 Son bastante antipáticos, ¿verdad?

Practique con:

el portero	cortés
la recepcionista	trabajador
los camareros	antipático
las secretarias	perezoso

3.2 Escuchar y escoger

Escuche esta conversación entre un guardia español y una turista que ha perdido a su hija en la playa. Mire los cuatro dibujos y escoja el que corresponde a la descripción de la hija.

a.

b.

c.

d.

3.3 Improvisación

1. Usted, A1, habla por teléfono con un conocido español, A2. Usted le dice que un amigo suyo va a España y quiere visitarlo. Diga el nombre de su amigo y de dónde es, descríbalo, y diga cuántos años tiene aproximadamente.

2. En una fiesta en Caracas usted ve a una persona que le gusta. Usted, A1, le pregunta a una amiga, A2, quién es esa persona, si está casado/casada o soltero/soltera, y cuántos años tiene.

4 Resumen

4.1 En esta unidad usted ha aprendido a

1. preguntar y describir cómo es físicamente una persona:

    ¿Cómo es [el Sr Real]?
    Es [alto].
    Es [delgado].
    Es [rubio].

2. describir el carácter de una persona:

    [La guía] es [simpática].
    [Los camareros] son [perezosos].

3. identificar a una persona por la ropa que lleva: Lleva [una chaqueta gris] y [pantalones negros].

4. preguntar sobre la identidad de una persona: ¿Cuál es [Begoña]?

5. preguntar y decir la edad:

    ¿Cuántos años tiene [Carmen]?
    Tiene [veintitrés] años.
    ¿Cuántos años tiene usted?
    Tengo [treinta] años.

6. comparar la edad de dos personas:

    [Carmen] es [mayor] que [Brigitte].
    [Brigitte] es [menor] que [Carmen].

4.2 Y usted ha practicado

1. los pronombres personales (complemento directo):

    No lo conozco (al Sr Real).
    No la conozco (a Inge).
    No los conozco (a tus amigos).
    No las conozco (a tus amigas).

2. el artículo definido usado como pronombre personal:

    El (señor) que lleva la chaqueta negra.
    La (señora) que lleva la blusa blanca.

3. el pronombre relativo 'que': La que lleva la blusa blanca.
4. el uso de 'que' en las comparaciones: Carmen es mayor que Brigitte.
5. la tercera persona plural del verbo 'ser': Los camareros son antipáticos.
6. el uso de los adverbios de grado 'muy' y 'bastante':

    La guía es muy simpática.
    Los camareros son bastante antipáticos.

7. el uso de '¿cómo?' con el verbo 'ser': ¿Cómo es Carmen?

UNIDAD 13 — En la planta baja

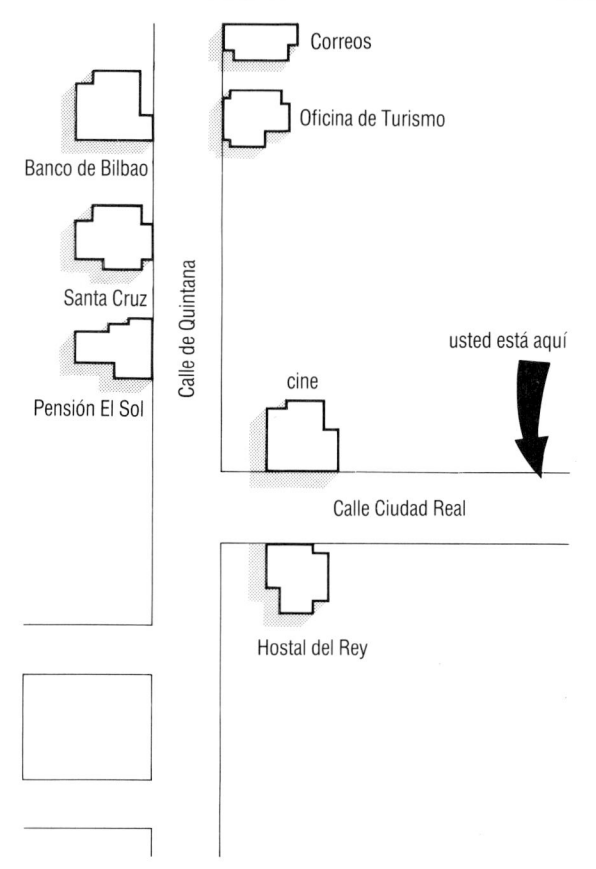

1.1 Diálogo: En información
Un turista que acaba de llegar a una ciudad española busca información.

EMPLEADA ¿Qué desea?
TURISTA ¿Sabe usted dónde está el Hostal del Rey?
EMPLEADA El Hostal del Rey... Está en la Calle Ciudad Real, número trescientos ocho.
TURISTA ¿Está cerca?
EMPLEADA ¿Va usted a pie o en coche?
TURISTA Voy a pie.
EMPLEADA Mire usted. Tiene que subir por la Calle Ciudad Real hasta el final. Allí hay un cine, y enfrente del cine está el Hostal del Rey.

1.2 Pronunciación: ai, ei, oi, ia, ie, io, iu
Escuche y repita.

A1 ¿Hay una agencia de viajes por aquí?
A2 Sí. Hay una en la Calle Ciudad Real, número trescientos veintiocho. ¿Va a pie?
A1 Sí, voy a pie.

1.3 Práctica en contexto
A1, de visita en una ciudad española, pregunta a un desconocido, A2, cómo llegar a Correos. Practique usando el mapa en 1.1.

A1 Perdone. ¿Sabe usted dónde está [Correos]?
A2 ¿Va usted a pie o en coche?
A1 A pie.
A2 Pues mire usted. Tiene que seguir todo recto hasta el final de esta calle y doblar a la derecha. Esa es [la Calle de Quintana]. [Correos] está [al lado de la Oficina de Turismo].
A1 Muchas gracias.
A2 De nada, [señor].

Practique con:

el cine	enfrente de
el Hostal del Rey	al lado de
la Pensión El Sol	detrás de
el Banco de Bilbao	entre
la Oficina de Turismo	junto a
la tienda Santa Cruz	

2.1 Diálogo: Una cita

Liv Andersson tiene una cita con el Sr Vargas. Habla con el conserje.

CONSERJE   Hola, buenas tardes. ¿Qué desea?
LIV   Tengo una cita con el señor Vargas.
CONSERJE   Ah, usted es la señorita Andersson, ¿no?
LIV   Sí, soy yo.
CONSERJE   El señor Vargas la está esperando. Su oficina está en el quinto piso. Es la 510. Es la tercera a la derecha.
LIV   ¿Dónde está el ascensor?
CONSERJE   Está al final del pasillo.

2.2 Práctica en contexto/Sobre usted

Usted, A1, tiene una cita de negocios con el señor García. En la portería habla con el conserje, A2.

A1 Buenos días. Tengo una cita con *[el Sr García]*.
A2 ¿Cuál es su nombre?
A1 (*diga su nombre*)
A2 Ah sí. La oficina *[del Sr García]* está en el *[segundo]* piso. Es la *[210]*. Puede usted subir en el ascensor.
A1 Muchas gracias.
A2 De nada.

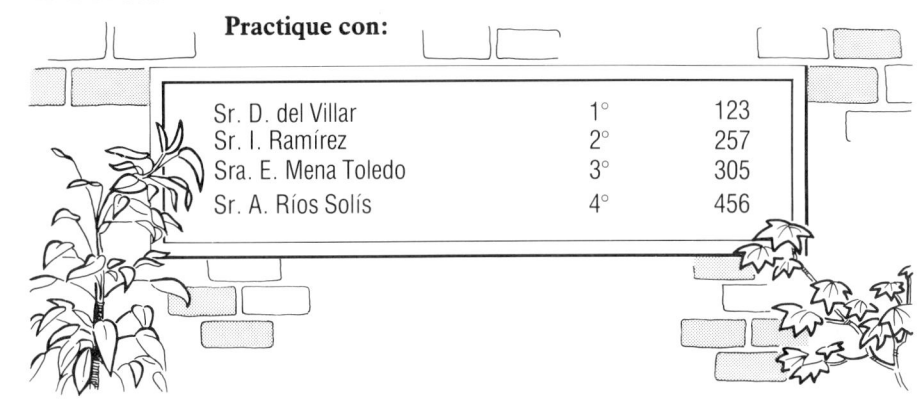

Practique con:

Sr. D. del Villar	1°	123
Sr. I. Ramírez	2°	257
Sra. E. Mena Toledo	3°	305
Sr. A. Ríos Solís	4°	456

2.3 Escuchar y escribir

Escuche estas conversaciones entre el conserje de una compañía y diferentes personas. En el cuadro escriba el piso y la oficina en que trabaja cada una de estas personas:

el señor Herrera
el señor Varo
la señora Ibarra
la señorita Chávez

Nombre	Piso	Oficina n.°

3.1 Práctica en contexto

De compras en unos grandes almacenes usted, A1, pregunta a otro cliente, A2, por una de las secciones. Usted está en el segundo piso.

A1 Perdone. ¿Sabe usted dónde está la sección electrodomésticos?
A2 Creo que está arriba, en el tercer piso.

Practique con:

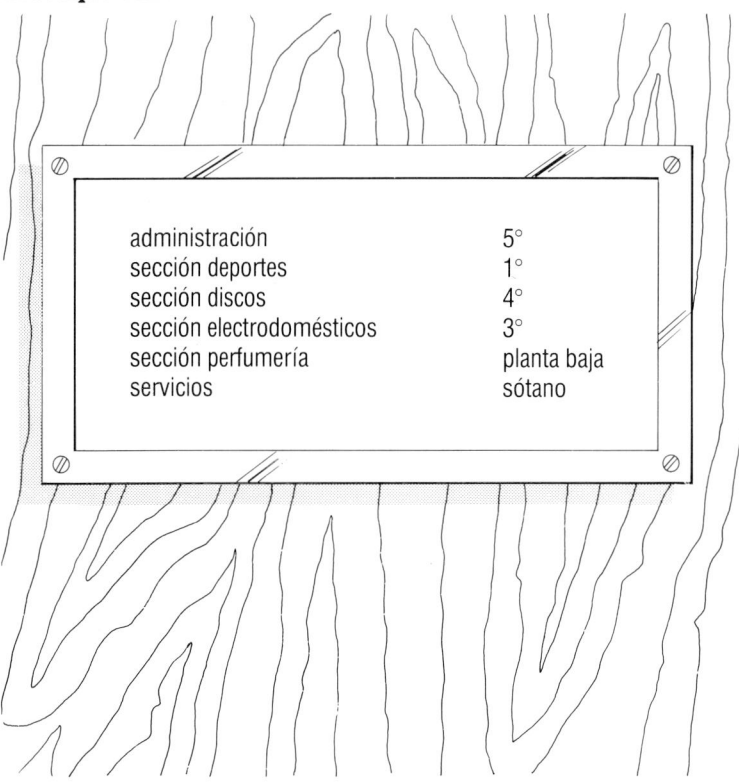

administración	5°
sección deportes	1°
sección discos	4°
sección electrodomésticos	3°
sección perfumería	planta baja
servicios	sótano

3.2 Escuchar y escribir 🎧

Usted va de compras a unos grandes almacenes. En información una muchacha responde a las preguntas de los clientes. Escuche las conversaciones y complete el cuadro.

	Piso	Posición
Perfumería		
Objetos fotográficos		
Discos		
Teléfonos		
Restaurante		
Servicios		

3.3 Improvisación/Sobre usted

1. Un desconocido de habla española, A1, viene a su casa con interés de alquilarla mientras usted, A2, está de vacaciones. Dele la dirección de la casa y dígale cómo llegar allí desde la parada del autobús/estación, etc.

2. Usted, A1, va a visitar a un amigo en un hotel. Pregunte al recepcionista, A2, en qué habitación está su amigo y en qué piso está la habitación.

4 Resumen

4.1 En esta unidad usted ha aprendido a

1. preguntar por la ubicación de un lugar interior: ¿Dónde está [la sección electrodomésticos]?
2. dar indicaciones precisas sobre la ubicación de un lugar – interior: La oficina [del Sr García] está en el [segundo] piso, número [210].
   exterior: [El Hostal del Rey] está [en la Calle Ciudad Real, número 308].
3. dar indicaciones sobre cómo llegar a un sitio determinado: Tiene que subir por la Calle Ciudad Real hasta el final.

4.2 Y usted ha practicado

1. preguntas indirectas con 'saber': ¿Sabe usted dónde está el Hostal del Rey?
2. frases indirectas con 'creer': Creo que está arriba.
3. el uso de preposiciones compuestas: Correos está enfrente de/al lado de/detrás de/junto a la Oficina de Turismo.
4. el uso de las preposiciones – 'hasta': Tiene que seguir hasta el final.
   'entre': La tienda está entre la pensión y el banco.
5. los números ordinales 1º a 5º: La oficina está en el primer/segundo/tercer/cuarto/quinto piso.
   Es la primera/segunda/tercera/cuarta/quinta a la derecha.
6. los números 100–999:

100 cien	200 doscientos
300 trescientos	400 cuatrocientos
500 quinientos	600 seiscientos
700 setecientos	800 ochocientos
900 novecientos	101 ciento uno

   208 doscientos ocho
   357 trescientos cincuenta y siete
   999 novecientos noventa y nueve

UNIDAD 14 — ¿Qué haces aquí?

1.1 Diálogo: Un encuentro inesperado

Luis y Michael, que ya se conocen, se encuentran inesperadamente en la calle.

LUIS   Hola, ¿cómo estás?
MICHAEL   Hola Luis, ¿qué tal?
LUIS   Yo estoy muy bien. Y bueno, ¿qué haces aquí?
MICHAEL   Estoy en viaje de negocios.
LUIS   ¿En qué hotel estás?
MICHAEL   Pues, estoy en el Hotel Puerta del Sol. Está muy cerca de aquí, en la Calle San Juan.

1.2 Práctica en contexto

Dos amigos, A1 y A2, se encuentran en un país de habla española.

A1 ¿Qué haces aquí?
A2 Estoy [de vacaciones].
A1 ¿En qué hotel estás?
A2 Estoy en [el Hotel Las Palmas], en [la Calle Serrano].

Practique con:

en viaje de negocios
de paso
veraneando
visitando a unos clientes

Alojamientos centro ciudad

HOTELES

4 ESTRELLAS
Astoria Palace. Plaza Rodrigo Botet, 5. 352 67 37. Residencia Dimar. G. V. Marqués del Turia, 80. 334 18 07. Reina Victoria. Barcas, 4 y 6. 352 04 87. Rey Don Jaime. Avda. Baleares, 2. 360 73 00.

3 ESTRELLAS
Residencia Excelsior. Barcelonina, 5. 351 46 12. Inglés. Marqués de Dos Aguas, 6. 351 64 26. Residencia Llar. Colón, 46. 352 84 60. Residencia Metropol. Játiva, 23. 351 26 12. Residencia Oltra. Plaza del País

Valenciano, 4. 352 06 12. Residencia Renasa. Avda. Cataluña, 5. 369 24 50. Residencia Sorolla. Convento Sta. Clara, 5. 352 33 92.

2 ESTRELLAS
Residencia Bristol. Abadía San Martín, 3. 352 11 76. Residencia Continental. Correos, 351 09 26.

1 ESTRELLA
Alcázar. Mosén Femades, 11. 352 85 77. Europa. Ribera, 4. 352 00 00. R. Internacional. Bailén, 8. 351 94 26. Residencia Valencia. Convento San Francisco, 7. 351 74 60.

Lehos. General Urrutia, s/n. 334 78 00

1.3 Pronunciación: c, z

Escuche y repita.

A1 ¿Qué ha**c**es aquí?
A2 Estoy de va**c**aciones.
    Estoy en el Hotel **Z**arzuela, **c**erca de la Plaza **C**entral.

2.1 Diálogo: Está comunicando

Martin quiere hablar con un conocido.

SECRETARIA Fuentes Hermanos. ¿Dígame?
MARTIN Quiero la extensión 352, por favor.
SECRETARIA Un momento... La extensión 352 está comunicando. ¿Quiere usted esperar?
MARTIN Lo siento, no puedo. Estoy llamando desde un teléfono público. Prefiero volver a llamar más tarde, gracias.
SECRETARIA De nada. Adiós.

2.2 Práctica en contexto

A1 llama por teléfono a una compañía en Madrid. Responde la telefonista, A2.

A1 Quiero la extensión [426], por favor.
A2 La extensión [426] está comunicando.

Practique con:

321
522
378
694

2.3 Práctica en contexto

Un cliente, A1, quiere hablar con el gerente, y responde la secretaria, A2.

A1 Quisiera hablar con el Sr Godoy, por favor.
A2 Lo siento, pero en este momento es imposible. El Sr Godoy está [atendiendo a unos clientes que vienen de Roma].

Practique con:

comer con un cliente
que quiere hacer un pedido

entrevistar a una persona que
quiere un puesto en la firma

visitar a su mujer
que está enferma

3.1 Mirar y hablar
Mire las fotos y haga preguntas y respuestas como éstas.

1. A1 ¿Qué está haciendo el Sr Vargas?
   A2 Está atendiendo a unos clientes.

2. A1 ¿Qué están haciendo los clientes?
   A2 Están hablando con el gerente.

¿Qué está/están haciendo?

3.2 Improvisación

1. Un amigo, A1, le llama a usted, A2, por teléfono. En ese momento usted está preparando la cena y le pide a su amigo que espere un momento. Su amigo le responde que no puede esperar porque está llamando desde un teléfono público, y decide volver a llamar.

2. En su propio país usted, A1, se encuentra con un conocido de habla española, A2. Salúdelo, pregúntele cómo está, si está sólo y en qué hotel está. Su amigo le dice en qué calle está el hotel y cuál es el número de la habitación.

3.3 Escuchar y escoger 🎧

Escuche esta conversación entre un extranjero de visita en México y un conocido mexicano a quién encuentra allí. Luego escoja la información correcta, a., b. o c. (✓).

1. Luis está en México   **a.** de paso   ☐
                                    b. en viaje de negocios   ☐
                                    c. de vacaciones   ☐

2. Está   **a.** con la mujer de su hijo   ☐
          b. con su mujer y su hijo   ☐
          c. con su mujer y sus hijos   ☐

3. Van a estar en México   **a.** dos semanas   ☐
                                  b. una semana   ☐
                                  c. doce semanas   ☐

4. El Hotel Las Américas está a
     a. cinco minutos de la Plaza Garibaldi   ☐
     b. veinticinco minutos de la Plaza Garibaldi   ☐
     c. quince minutos de la Plaza Garibaldi   ☐

4 Resumen

4.1 En esta unidad usted ha aprendido a

1. preguntar a una persona qué hace en un lugar y responder a la pregunta: ¿Qué haces aquí?
       Estoy de vacaciones.

2. preguntar a una persona sobre lo que está haciendo en el momento y responder a la pregunta: ¿Qué estás haciendo?
       Estoy *[llamando por teléfono]*.

4.2 Y usted ha practicado

1. las formas del presente del verbo 'estar':

   estoy   estamos
   estás   estáis   } de vacaciones.
   está   están   en el Hotel Puerta del Sol.

2. las formas del presente inmediato ('estar' + gerundio):   ¿Qué estás haciendo?
       Estoy llamando por teléfono.

3. las formas del gerundio de verbos que terminan
   en – '-ar':   (llamar) llamando
      '-er', '-ir':   (atender) atendiendo

4. cómo formar una cláusula subordinada con 'que':   Está atendiendo a unos clientes que vienen de Roma.

UNIDAD 15 — ¿Cuándo quiere viajar?

1.1 Diálogo: En la agencia de viajes
Carmen planea una visita a México.

EMPLEADO ¿Qué desea?
CARMEN Buenos días. Quiero ir a México.
EMPLEADO ¿Cuándo quiere salir?
CARMEN El lunes próximo, si es posible.
EMPLEADO Pues, tiene un vuelo el lunes que sale de Madrid a las 13.30 horas.
CARMEN ¿Y a qué hora llega a México?
EMPLEADO Llega a las 18.45.
CARMEN Sí, me interesa.

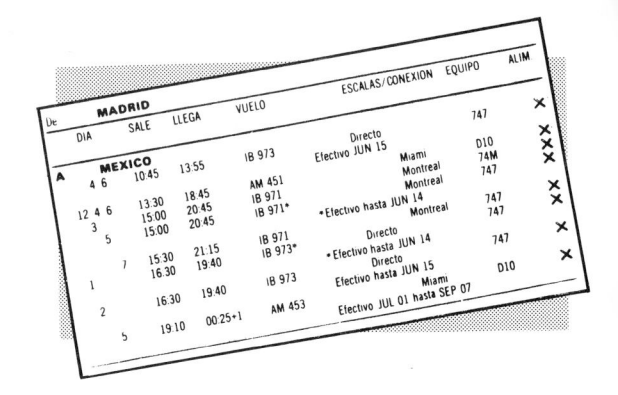

1.2 Práctica en contexto
Usted, A1, viaja en tren por España. En la estación pregunta al empleado, A2, la hora de salida del próximo tren.

A1 ¿A qué hora sale el próximo tren a [Barcelona]?
A2 A las [9.24] tiene [un electrotrén] que va a [Barcelona].
A1 ¿Lleva [restaurante]?
A2 No, sólo lleva [cafetería].
A1 Gracias.

Practique con:

SIMBOLOS UTILIZADOS EN LOS CUADROS HORARIO
- Interc. : Intercity
- EXP. : Expreso
- RAP. : Rápido
- Semid. : Semidirecto
- Omn. : Omnibús
- Coche-Cama
- Coche-litera
- Tren con servicio de restaurante (Comidas, cafetería y bar)
- Tren con servicio de cafetería (Bebidas frías y calientes, bocadillos y platos sencillos)
- Tren con servicio de bar o minibar (Bebidas frías y bocadillos)

1.3 Pronunciación: ua, ue, ui
A1 ¿Qué días hay v**ue**los a S**ui**za?
A2 ¿C**uá**ndo quiere salir, y a qué ci**u**dad?
A1 A Ginebra, la semana que viene.
A2 P**ue**s, hay v**ue**los los lunes y viernes.
A1 M**uy** bien.

2.1 Diálogo: De vacaciones

Lidia Parejo va de vacaciones. En el aeropuerto charla con un desconocido de habla española.

DESCONOCIDO ¿Va a México?
LIDIA Sí, voy a México.
DESCONOCIDO ¿Va a estar mucho tiempo allí?
LIDIA No, voy a estar una semana solamente. Tengo que volver el sábado próximo.
DESCONOCIDO ¿Va a quedarse en un hotel?
LIDIA Voy a quedarme en el Hotel Cuernavaca.

2.2 Práctica en contexto

A1, un hombre de negocios, va en avión a un país de habla española. En el avión charla con un desconocido, A2.

A1 ¿Adónde va?
A2 Voy a *[Bogotá]*, ¿y usted?
A1 Yo voy a *[Guayaquil]*.
A2 ¿Cuánto tiempo va a estar allí?
A1 Voy a estar *[tres días]*. Tengo que volver *[el martes por la mañana]*.

Practique con:

5 ó 6 días
dentro de una semana

un par de semanas
en quince días más

un día solamente
mañana por la tarde

2.3 Práctica

1. A1 ¿Vas a estar mucho tiempo aquí?
   A2 Voy a estar hasta *[el lunes]*.

2. A1 ¿Van a quedarse mucho tiempo en *[Río]*?
   A2 Vamos a quedarnos hasta *[la semana que viene]*.

Practique con:

mañana
pasado mañana
el martes próximo

el sábado que viene
el mes que viene
el año que viene

2.4 Escuchar y escribir

Usted está en España y quiere ir de excursión a otras ciudades. En la recepción del hotel pide información sobre posibles excursiones. Escuche y tome notas sobre los días y horas de salida.

3.1 Mirar y hablar
Pablo espera a un viajero en el aeropuerto.

PABLO ¿Puede decirme a qué hora llega el vuelo BF727 de Estocolmo?
EMPLEADA El vuelo BF727 ... viene con una hora de retraso. Va a llegar a las 20.45 aproximadamente.
PABLO Gracias.

vuelo nº.	procedente de	información	llegada
AA707	Buenos Aires	retraso 2 horas	14.30
AV556	Caracas	retraso 30 min.	17.00
LAN329	Santiago	retraso 1½ horas	19.15

3.2 Escuchar y escoger
Escuche estas conversaciones en un aeropuerto y escoja la información correcta.

1. El amigo viene de a. Estocolmo
   b. Amsterdam
   c. Hamburgo

   El vuelo viene con un retraso de a. 15 minutos
   b. 1¼ horas
   c. 4 horas

   El vuelo llega a a. las 5.50
   b. las 5.35
   c. las 5.25

2. La viajera quiere ir a a. Madrid
   b. Barcelona
   c. Tenerife

   Hay un vuelo a. mañana
   b. por la mañana
   c. pasado mañana

   El avión tarda a. 5 horas
   b. 4 horas
   c. 6 horas

3. Este es un anuncio para los que a. salen en el vuelo
   b. esperan el vuelo
   c. llegan en el vuelo

   El vuelo va a llegar con a. media hora de retraso
   b. 1 hora de retraso
   c. 1½ horas de retraso

   Va a llegar a las a. 7.15
   b. 6.45
   c. 7.45

3.3 Improvisación/Sobre usted

1. Usted, A1, quiere volver de España a su país en avión. Llama por teléfono a Iberia y pregunta al empleado, A2, que días hay vuelos, y las horas de salida y llegada.

2. Usted, A1, y un amigo de habla española, A2, hablan sobre sus próximas vacaciones. A2 quiere saber adónde va, cuándo, por cuánto tiempo, dónde va a quedarse, y cuándo vuelve. Responda y haga preguntas similares.

4 Resumen

4.1 En esta unidad usted ha aprendido a

1. referirse con exactitud a horas y días de salida y llegada:

   ¿Qué días hay vuelos a *[Panamá]*?
   Tiene un vuelo *[el lunes]* que sale de *[Madrid a las 14.30]*.

2. pedir y dar información con respecto a lugar de destino:

   ¿Qué días hay vuelos a *[México]*?
   A *[México]* hay vuelos *[los lunes y miércoles]*.

3. referirse a planes de viaje:

   ¿Adónde va?
   Voy a *[México]*.

4. referirse a tiempo de estancia en un lugar:

   ¿Cuánto tiempo vas a estar en *[México]*?
   ¿Vas a estar mucho tiempo en *[México]*?
   Voy a estar *[una semana]*.

4.2 Y usted ha practicado

1. el uso del artículo definido con los días de la semana:

   Quiero viajar el lunes próximo.
   A México tiene vuelos los lunes y miércoles.

2. el uso de 'ir' + 'a' + infinitivo para referirse al futuro próximo:

   Voy a estar aquí una semana.

3. la posición y uso de los pronombres reflexivos con el infinitivo del verbo:

   ¿En qué hotel va a quedarse?
   Voy a quedarme en el Hotel Cuernavaca.

4. el uso del interrogativo '¿qué?' con preposición:

   ¿En qué hotel va a quedarse?
   ¿A qué hora sale el tren?

5. el uso del interrogativo '¿adónde?':

   ¿Adónde va?

UNIDAD 16 — No se puede

1.1 Diálogo: En la calle
PABLO   Se puede aparcar aquí, ¿no?
GUARDIA   No señor. Aquí no se puede aparcar. Está prohibido.
PABLO   ¿Dónde puedo aparcar?
GUARDIA   En la plaza. Allí hay un aparcamiento.
PABLO   Gracias.
GUARDIA   De nada. Adiós.

1.2 Práctica
Mire las señales, identifique los significados de cada una con la frase correspondiente y haga frases similares a las del modelo.

A1 ¿Se puede [subir por aquí]?
A2 Sí, se puede [subir por aquí].
   o No, no se puede [subir por aquí].

Practique con:

entrar
aparcar
beber el agua
girar a la izquierda

1.3 Práctica en contexto
En la recepción del hotel Inge Müller y su marido preguntan dónde pueden dejar las maletas.

INGE   [Buenas tardes].
RECEPCIONISTA   [Buenas tardes], [señora]. ¿Qué desea?
INGE   ¿Dónde podemos [dejar nuestras maletas]?
RECEPCIONISTA   Pueden [dejarlas aquí].

Practique con:

aparcar nuestro coche
enfrente del hotel

poner nuestro equipaje
debajo del asiento

cambiar este cheque de viajero
en la recepción

comprar sellos
en el estanco

2.1 Diálogo: Cambio

BRIGITTE	¿Se puede cambiar moneda extranjera aquí?
RECEPCIONISTA	Sí, desde luego señorita.
BRIGITTE	Pues quiero doscientos francos franceses en pesetas.
RECEPCIONISTA	¿Me permite su pasaporte?
BRIGITTE	Aquí tiene. ¿A cómo está el franco?
RECEPCIONISTA	Un momento... Está a veinte pesetas, entonces doscientos francos son cuatro mil pesetas. Bueno. Haga el favor de firmar aquí.

2.2 Práctica en contexto

A1, un turista extranjero, desea cambiar dinero en su hotel. Le atiende una empleada, A2.

A1 ¿Se puede cambiar [cheques de viajero] aquí?
A2 Sí [señor], ¿cuánto quiere cambiar?
A1 Quiero [cincuenta] [libras esterlinas] en [pesos mexicanos].
A2 ¿Me permite su pasaporte, por favor?
A1 Aquí tiene.
A2 Gracias. Haga el favor de firmar aquí.

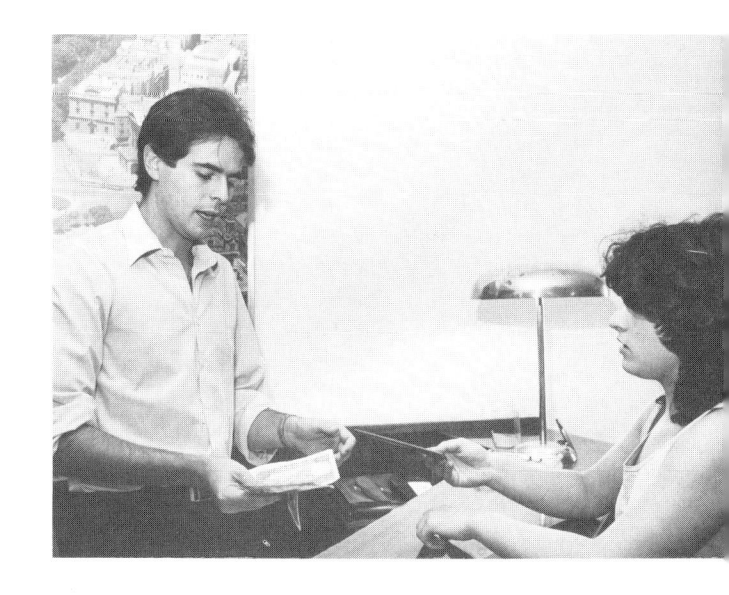

Practique con:

(el) franco (francés/suizo)
(el) dólar (americano)
(el) bolívar (venezolano)
(el) peso (mexicano/chileno)
(el) inti (peruano)
(el) austral (argentino)

2.3 Práctica en contexto

Usted, A1, entra en una tienda a comprar. Al pagar se da cuenta que sólo tiene moneda extranjera. Pregunta a la dependienta, A2, dónde puede cambiar.

A1 ¿Puedo pagar con [dólares]?
A2 Lo siento mucho, pero no se puede.
A1 ¿Hay alguna casa de cambio por aquí?
A2 [Aquí al lado] hay un banco. Ahí puede cambiar.

3.1 Diálogo: De excursión

Los Sres Müller van de excursión mañana. Inge llama a la recepción para pedir que les despierten temprano.

TELEFONISTA (*suena el teléfono*) Sí, ¿diga?
INGE ¿Puede usted despertarnos mañana, por favor?
TELEFONISTA Sí, señora. ¿A qué hora?
INGE Queremos salir de excursión a las 7.45.
TELEFONISTA ¿Les llamo a las 7?
INGE Sí, a las 7 está bien.
TELEFONISTA ¿Cuál es el número de su habitación?
INGE Es la noventa y cinco.
TELEFONISTA ¿Les envío el desayuno a la habitación?
INGE Estupendo, sí, muchas gracias.

3.2 Práctica

Formal:
A1 ¿Puede usted [despertar(me/nos) a las 6.45]?
A2 Sí, cómo no.

Familiar:
A1 ¿Puedes [esperar(me/nos) en la esquina]?
A2 Sí, cómo no.

Practique con:

preparar(me/nos) la cuenta
traer(me/nos) el desayuno
reparar(me/nos) este neumático
llamar(me/nos) un taxi

acompañar(me/nos) a casa
explicar(me/nos) esto
llevar(me/nos) al aeropuerto
llamar(me/nos) por teléfono

3.3 Práctica

Formal:
A1 ¿Le/les [envío el desayuno]?
A2 Sí, gracias.
   o No, gracias. No se moleste.

Familiar:
A1 ¿Te/os [espero a las 7]?
A2 Sí, gracias.
   o No, gracias. No te molestes.

Practique con:

preparo la cuenta
llamo un taxi
sirvo la cena

llevo a la estación
sirvo un café
traigo las maletas

3.4 Improvisación

1. De visita en un país de habla española, usted, A1, pregunta al empleado de la Oficina de Turismo, A2, cómo puede viajar a la capital del país. El empleado le indica los medios de transporte en que se puede viajar.

2. Usted, A1, tiene que volver inesperadamente a su país. Su avión sale a las 9 de la mañana. Usted llama a la recepcionista, A2, y le pide que lo despierte. La recepcionista ofrece prepararle la cuenta y llamarle un taxi.

3.5 Escuchar y escoger 🎧

Escuche esta conversación entre la empleada de la Oficina de Turismo en Acapulco, México, y un turista extranjero que busca un hotel. Escoja la información correcta.

1. El turista quiere un hotel   a. cerca del centro ☐
   - b. cerca de la montaña ☐
   - c. cerca de la playa ☐

2. Hay un aparcamiento   a. enfrente del hotel ☐
   - b. al lado del hotel ☐
   - c. cerca del hotel ☐

3. La empleada le reserva una habitación   a. individual con baño ☐
   - b. individual sin baño ☐
   - c. doble con baño ☐

4. El turista quiere la habitación   a. para cinco días ☐
   - b. para 15 días ☐
   - c. para 8 días ☐

4 Resumen

4.1 En esta unidad usted ha aprendido a

1. preguntar y decir si algo está permitido:
   Se puede [aparcar aquí], ¿no?
   Sí, se puede [aparcar aquí].
   No, no se puede [aparcar aquí].

2. preguntar y responder sobre posibilidades:
   ¿Dónde puedo [aparcar]?
   Puede [aparcar] en [la plaza].

3. hacer una petición y responder de manera – formal:
   ¿Puede usted [despertar(me/nos) a las 7]?
   Sí, cómo no.

   familiar:
   ¿Puedes [esperar(me/nos) en la esquina]?
   Sí, cómo no.

4. hacer un ofrecimiento y responder de manera – formal:
   ¿Le/les llamo [a las 7]?
   Sí, gracias.
   No se moleste.

   familiar:
   ¿Te/os espero [a las 7]?
   Sí, gracias.
   No te molestes.

4.2 Y usted ha practicado

1. el uso de los pronombres personales (complemento indirecto): me, te, le, nos, os, les.
2. el uso de pronombres con infinitivo:
   ¿Puede usted despertarme a las 7?
   ¿Puede usted despertarnos a las 7?
3. el uso de pronombres con formas personales del verbo de manera – formal: ¿Le/les llamo a las 7?
   familiar: ¿Te/os llamo a las 7?
4. el uso del adjetivo posesivo en primera persona plural: ¿Dónde podemos dejar nuestras maletas?

UNIDAD 17 — ¿Qué desea?

1.1 Diálogo: De compras

Michael quiere comprar unas gafas de sol. Habla con la dependienta.

DEPENDIENTA ¿Qué desea?
MICHAEL Quiero un par de gafas de sol.
DEPENDIENTA Estas gafas están de moda. Son muy bonitas, ¿verdad?
MICHAEL Sí, pero . . . ¿cuánto valen?
DEPENDIENTA Tres mil quinientas pesetas.
MICHAEL Son muy caras. ¿No tiene otras más baratas?
DEPENDIENTA Pues, tenemos éstas, que sólo cuestan dos mil pesetas.
MICHAEL Sí, prefiero éstas.

1.2 Práctica

1. A1 ¿Cuánto cuesta/vale [este peine]?
   A2 Cuesta/vale [ciento ochenta y cinco] pesetas.

2. A1 ¿Cuánto cuestan/valen [estas tijeras]?
   A2 Cuestan/valen [novecientas cincuenta] pesetas.

Practique con:

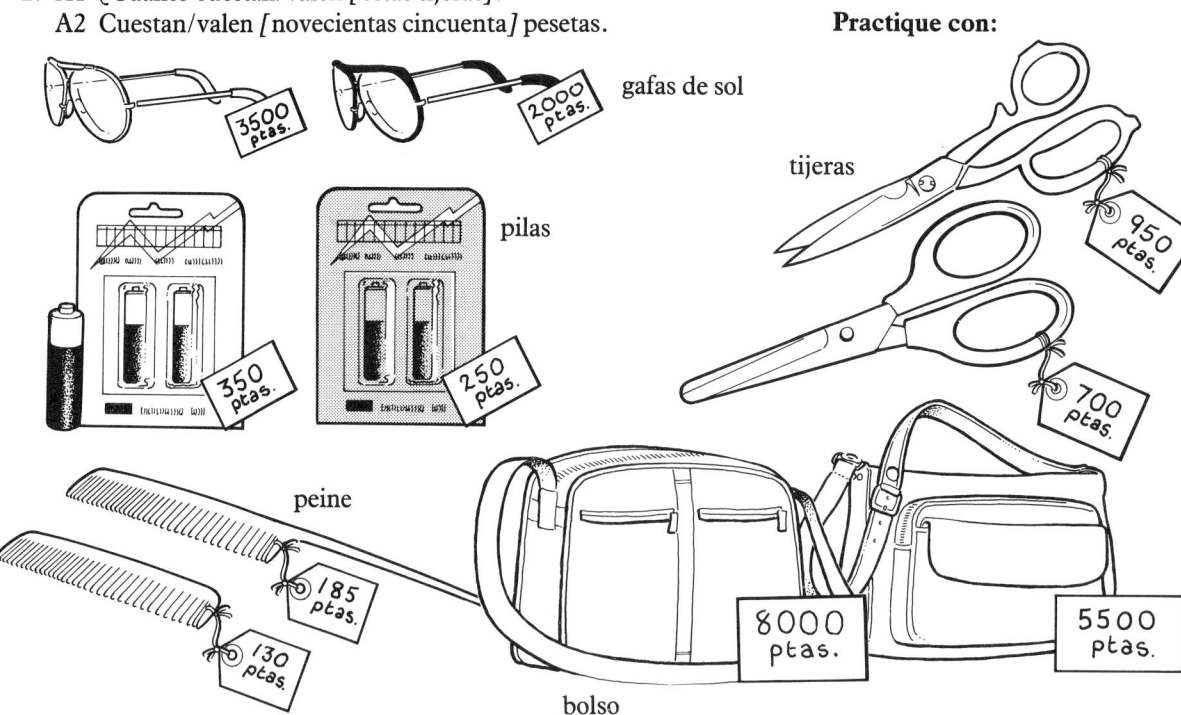

gafas de sol — 3500 ptas. / 2000 ptas.
tijeras — 950 ptas. / 700 ptas.
pilas — 350 ptas. / 250 ptas.
peine — 185 ptas. / 130 ptas.
bolso — 8000 ptas. / 5500 ptas.

1.3 Práctica en contexto

A1 va de compras. Le atiende el dependiente, A2.

A2 [Esta chaqueta] es muy bonita.
A1 Sí, pero es demasiado [grande]. ¿Tiene [una] más [pequeña]?
A2. Sí, aquí tiene usted [otra] más [pequeña].

Practique con:

la cartera, cara/barata
la maleta, pesada/ligera
el abrigo, largo/corto
los zapatos, duros/suaves

2.1 Diálogo: En la tienda

Pablo busca pantalones.

DEPENDIENTE Buenos días. ¿Qué desea?
PABLO Buenos días. Quisiera unos pantalones de lana.
DEPENDIENTE ¿De qué talla los quiere?
PABLO De la talla cuarenta y cuatro.
DEPENDIENTE Pues . . . de lana en la talla cuarenta y cuatro tenemos éstos en gris, en marrón y en azul.
PABLO Prefiero los marrones. ¿Puedo probármelos?
DEPENDIENTE Sí, claro. Pase por aquí.

2.2 Práctica en contexto/Sobre usted

Usted, A1, va de compras en un país de habla española. Mire la tabla y pida la talla que le corresponde.

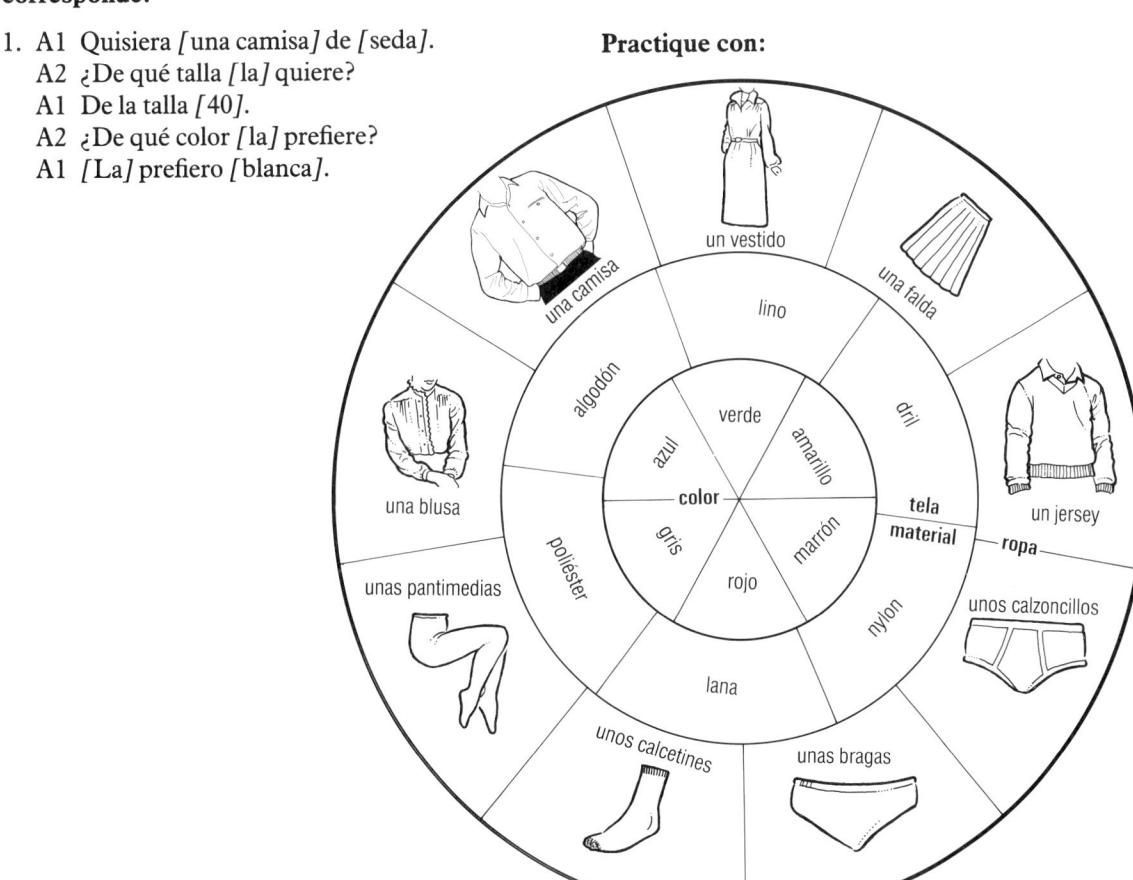

1. A1 Quisiera [una camisa] de [seda].
   A2 ¿De qué talla [la] quiere?
   A1 De la talla [40].
   A2 ¿De qué color [la] prefiere?
   A1 [La] prefiero [blanca].

Practique con:

2. A1 Quisiera [unas pantimedias] de [nylon].
   A2 ¿De que tamaño [las] quiere?
   A1 Mediano.
   A2 ¿De que color [las] prefiere?
   A1 [Las] prefiero [grises].

3.1 Mirar y hablar

A1 va de compras a un mercado en un país de habla española. A2 es el dependiente. Practique la conversación refiriéndose a la tabla de productos y precios.

A2 ¿Qué desea?
A1 Quiero un kilo de naranjas.
A2 Tenga. ¿Algo más?
A1 Sí, deme un melón.
A2 ¿Le va bien éste?
A1 No, quiero uno más grande.
A2 Aquí tiene. Este está muy bueno.
A1 Ah, también quiero media docena de huevos.
A2 Media docena de huevos . . .
A1 ¿Cuánto es?
A2 Son 755 pesetas.

plátanos 73 kilo
ajos 17 c/u
uva negra 95 kilo
sandía 68 kilo
melón 93 kilo
piña 145 kilo
uva blanca 110 kilo
manzanas 42 kilo
melocotones 125 kilo

3.2 Práctica en contexto

De compras en unos grandes almacenes en un país de habla española, A1 pierde su bolso. En la Oficina de Información habla con el empleado, A2.

A2 ¿Cómo es su [bolso]?
A1 Es [un bolso] de [cuero], [pequeño], y de color [negro].
A2 ¿Es éste?
A1 Sí, es ése. Muchas gracias.
A2 De nada. Buenos días.

Practique con:

la billetera
cuero

la cartera
plástico

las gafas
sol

los guantes
lana

3.3 Improvisación/Sobre usted

Usted, A1, va de compras en unos grandes almacenes. En la sección ropa habla con el dependiente, A2. Este le pregunta a usted lo que quiere, su talla, y el color y tela que prefiere. Responda a las preguntas, luego pregunte el precio y pague.

3.4 Escuchar y escoger 🎧

Lea las cuatro descripciones. Luego escuche la conversación entre la dependienta de una tienda y una cliente e indique cuáles de las descripciones corresponden a lo que la cliente quiere.

1. a. Es una falda larga de color verde.
   b. Es un vestido corto de color verde.
   c. Es una falda corta de color verde.
   d. Es un vestido largo de color verde.

2. a. Es de la talla 44.
   b. Es de la talla 38.
   c. Es de la talla 40.
   d. Es de la talla 42.

3. a. Cuesta 6000 pesetas.
   b. Cuesta 6500 pesetas.
   c. Cuesta 4500 pesetas.
   d. Cuesta 4550 pesetas.

4 Resumen

4.1 En esta unidad usted ha aprendido a

1. referirse al tamaño, peso, color, material de un objeto o una cosa:

   Quiero [unos pantalones] de [lana], de la talla [44], en [gris].
   Quiero [un kilo] de [naranjas].

2. preguntar y decir el precio de una cosa:

   ¿Cuánto cuesta/vale [este peine]?
   Cuesta/vale [185] pesetas.

3. describir un objeto o una cosa de acuerdo a características subjetivas:

   [Esta chaqueta] es muy [bonita], pero es demasiado [grande].

4.2 Y usted ha practicado

1. el uso de 'ser' con adjetivos:

   Estas gafas son bonitas.
   Son caras.

2. el uso del adverbio de grado 'demasiado':

   Esta chaqueta es demasiado grande.

3. los números 1000–9999:

   1000 mil
   1500 mil quinientos
   4553 cuatro mil quinientos cincuenta y tres

UNIDAD 18 — A mí no me gusta

1.1 Diálogo: Entre turistas

Brigitte está de vacaciones en la playa. Habla con otro turista.

TURISTA ¿Llevas mucho tiempo aquí?
BRIGITTE Cinco días solamente, ¿y tú?
TURISTA Yo llevo una semana.
BRIGITTE ¿Te gusta el hotel?
TURISTA Sí, sí me gusta, ¿y a ti?
BRIGITTE Bueno, a mí no me gusta mucho.
TURISTA ¿Por qué?
BRIGITTE Porque es demasiado caro y está lejos de la playa.

1.2 Práctica

1. A1 ¿Te/le gusta [la comida]?
   A2 Sí, me gusta bastante.
   A1 ¿Por qué te/le gusta?
   A2 Porque [es bastante variada].

2. A1 ¿Te/le gustan [las habitaciones]?
   A2 No, no me gustan mucho.
   A1 ¿Y por qué no te/le gustan?
   A2 Porque [son demasiado pequeñas].

3. A1 ¿Te/le gusta [la ciudad]?
   A2 Sí, me encanta.
   A1 ¿Por qué?
   A2 Porque [siempre hace mucho sol].

Practique con:

el clima	*	hace calor
el hostal	x	no hay agua caliente
la piscina	x	hay mucha gente
la playa	*	está bastante limpia
las discotecas	**	me gusta la música pop

*   me gusta/gustan
**   me encanta/encantan
x   no me gusta/gustan

1.3 Práctica

Haga preguntas y respuestas usando el modelo.

A	mí ti él/ella, usted	(no)	me te le	gusta [el vino español]. gustan [las naranjas].

A	nosotros/nosotras vosotros/vosotras ellos/ellas, ustedes	(no)	nos os les	gusta [la comida española]. gustan [los mariscos].

Practique con:

el vino blanco/tinto
el café con/sin leche
la cerveza alemana/inglesa
las aceitunas españolas
los cigarrillos americanos
los pasteles franceses

2.1 Diálogo: En la Oficina de Turismo

Julia acaba de llegar a una ciudad de la costa. Pregunta por un hotel en la Oficina de Turismo.

JULIA Buenos días. ¿Puede usted recomendarme un hotel, por favor?
EMPLEADA ¿Prefiere un hotel céntrico o cerca de la playa?
JULIA Prefiero un hotel cerca de la playa.
EMPLEADA Aquí tiene una lista de todos los hoteles. Los que están cerca de la playa están aquí, en esta página.

2.2 Práctica en contexto

A2 está de visita en un país de habla española. A1, empleado de la Oficina de Información y Turismo le pregunta a A2 qué tipo de hotel o habitación prefiere.

A1 ¿Prefiere usted *[un hotel] [céntrico]*?
A2 No, prefiero *[un hotel] [cerca de la playa]*.

Practique con:	Hotel	Habitación
Tamaño:	grande/pequeño	individual/doble
Precio:	barato/caro	
Categoría:	de una/tres estrellas	
Ubicación:	cerca/lejos del centro cerca/lejos de la playa	interior/exterior
Facilidades:	con/sin piscina	con/sin cuarto de baño con/sin terraza

2.3 Escuchar y escribir

Escuche esta conversación en la recepción de un hotel entre el recepcionista y una pareja que busca alojamiento. Describa el tipo de habitación que prefieren.

	Habitación
Tamaño:	
Ubicación:	
Facilidades:	

3.1 Mirar y hablar

Michael quiere alquilar un coche. Lea esta conversación con el empleado de una compañía de alquileres.

EMPLEADO Buenos días, ¿qué desea?
MICHAEL Quisiera alquilar un coche.
EMPLEADO ¿Qué tipo de coche prefiere usted?
MICHAEL Prefiero un coche pequeño, de cuatro plazas.
EMPLEADO Pues . . . puedo recomendarle el Seat Panda. Es un coche bastante cómodo.
MICHAEL ¿Cuánto cuesta el alquiler?
EMPLEADO 3000 pesetas diarias. ¿Para cuántos días lo quiere?
MICHAEL Para una semana. ¿Sale más barato por semana?
EMPLEADO Sí, por semana son 18 000 solamente.

Practique con:

Grupo	Modelo de coche	Kilometraje ilimitado Por día	Por semana
A	SEAT PANDA	3.000	18.000
B	SEAT FURA / RENAULT 5TL / PANDA OPEN	3.300	20.000
C	OPEL CORSA / TALBOT SAMBA / FORD FIESTA / FIAT UNO	3.750	22.500
D	MAZDA 323 / TALBOT HORIZON / JEEP SUZUKI	4.300	25.800

3.2 Improvisación

1. Usted, A1, llega a un hotel con otra persona. El recepcionista, A2, le pregunta qué tipo de habitación quiere. Responda a su pregunta y especifique el tipo exacto de habitación que usted prefiere.

2. Usted, A1, quiere alquilar un coche para usted y su familia, cuatro personas en total. El empleado de la oficina de alquiler, A2, le recomienda un coche que es demasiado grande y caro. Dígale qué tipo de coche prefiere usted.

3.3 Escuchar y escoger 🎧
Mire los dibujos y escuche esta conversación entre el empleado de una agencia de viajes y una pareja. Diga qué tipo de lugar prefiere la pareja para pasar sus vacaciones.

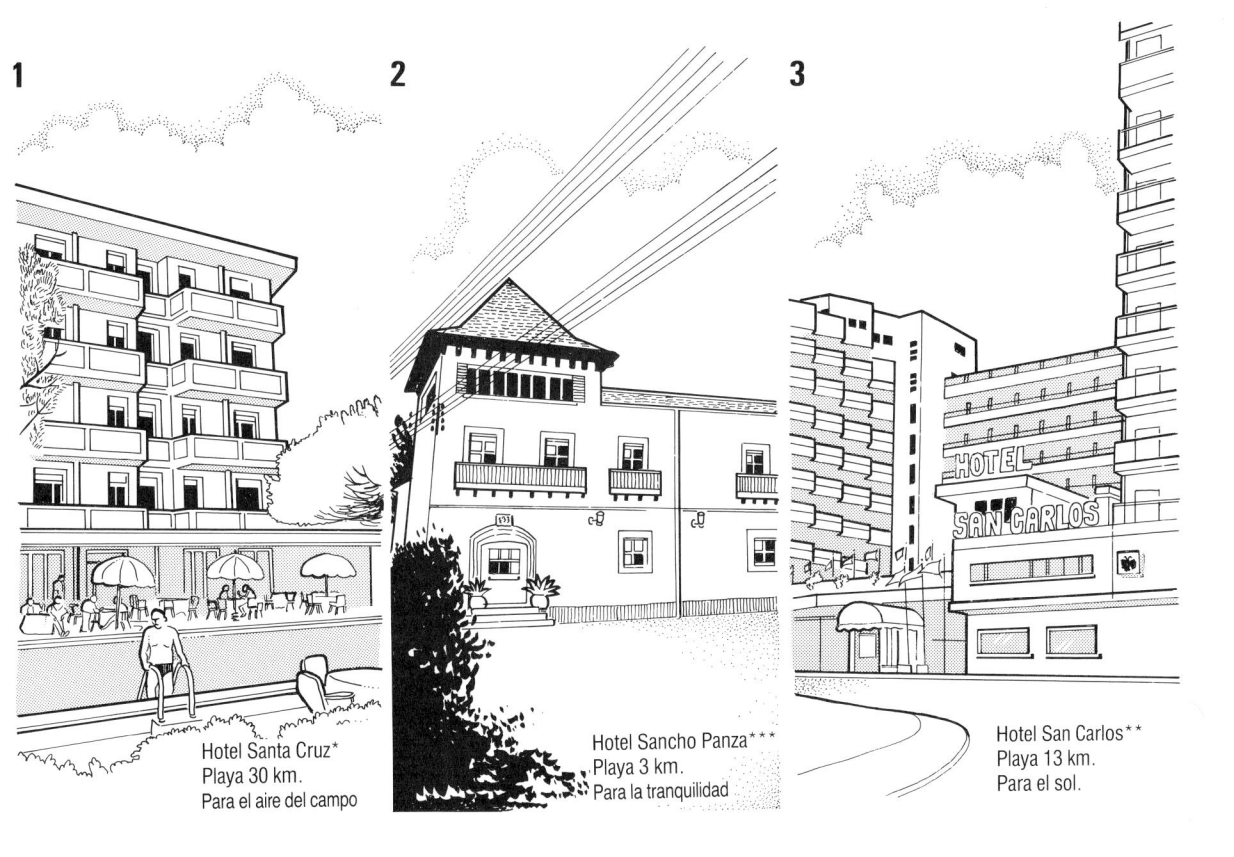

1
Hotel Santa Cruz*
Playa 30 km.
Para el aire del campo

2
Hotel Sancho Panza***
Playa 3 km.
Para la tranquilidad

3
Hotel San Carlos**
Playa 13 km.
Para el sol.

4 Resumen

4.1 En esta unidad usted ha aprendido a

1. indicar las razones por las que a uno le gusta o no le gusta algo: [El hotel] no me gusta porque es [demasiado caro].
2. indicar con énfasis a quien le gusta o no le gusta algo: ¿A ti te gusta [el vino español]?
Sí, a mí me gusta mucho.
3. indicar con exactitud una preferencia: Prefiero [un hotel] [cerca de la playa].

4.2 Y usted ha practicado

1. los pronombres personales preposicionales:

A mí
  ti
  él/ella/usted
  nosotros/nosotras
  vosotros/vosotras
  ellos/ellas/ustedes

2. los pronombres personales de complemento indirecto en plural: Nos/os/les gusta la comida española.
3. el interrogativo '¿por qué?': ¿Por qué te gusta la ciudad?

UNIDAD 19   ¿Qué tipo busca?

1.1 Diálogo: Alquilando un apartamento 🎧
Brigitte quiere alquilar un apartamento para el verano.

BRIGITTE   Buenos días. Quiero alquilar un apartamento para este verano.
EMPLEADA   ¿Para cuándo lo quiere?
BRIGITTE   Para principios de julio.
EMPLEADA   Para julio... ¿Y por cuánto tiempo?
BRIGITTE   Por dos meses.
EMPLEADA   ¿Qué tipo de apartamento busca usted?
BRIGITTE   Necesito un apartamento de dos habitaciones.
EMPLEADA   Un momento, por favor. Voy a ver lo que tenemos...

1.2 Práctica

A1   Busco [un piso] para [septiembre].
A2   ¿Por cuánto tiempo lo quiere?
A1   Por [un mes].

Practique con:

Para			Por
enero	mayo	septiembre	quince días
febrero	junio	octubre	un mes
marzo	julio	noviembre	dos meses
abril	agosto	diciembre	un año

1.3 Práctica en contexto

A1 busca una casa para alquilar. En la agencia de alquileres habla con el empleado, A2.

A2   ¿Quiere alquilar [una casa]?
A1   Sí, quiero [una casa].
A2   ¿Qué tipo de [casa] necesita?
A1   [La] necesito de [tres dormitorios], y [con garage].
A2   ¿Para cuándo [la] quiere?
A1   [La] quiero para fines de [junio].

Practique usando los meses en 1.2 y estos anuncios:

Rincón Tropical Torrenueva
Costa del Sol Granadina
APARTAMENTOS
2, 3, 4 habitaciones. Piscinas

Por 790.000 Ptas.
UN «SOL» DE
BUNGALOW
EN TORREVIEJA
De 2 dormitorios, comedor cocina, aseo, patio y jardín.

Pisos-Apartamentos de 3-4 dormitorios.
- Salón comedor con chimenea y terraza.
- Cocina amueblada con lavadora y frigorífico.

2.1 Diálogo: En el restaurante 🎧
Carmen está en el restaurante.

CAMARERO   Buenos días. ¿Qué va a tomar?
CARMEN   Quiero sopa de pescado.
CAMARERO   ¿Y de segundo?
CARMEN   De segundo . . . pollo con patatas fritas.
CAMARERO   El pollo, ¿cómo lo quiere?
CARMEN   Lo quiero frito.
CAMARERO   ¿Quiere ensalada?
CARMEN   Sí, tráigame una ensalada mixta.
CAMARERO   ¿Algo para beber?
CARMEN   Una botella de agua mineral sin gas.
CAMARERO   ¿Y de postre? Tenemos flan, fruta y helados.
CARMEN   Prefiero flan.

2.2 Práctica en contexto
A1 y A2 van a un restaurante. Practiquen esta conversación con el camarero, A3.

A3   ¿Qué van a tomar?
A1   Yo quiero [tortilla a la española].
A2   Y yo quiero [menestra de verduras].
A3   Muy bien. ¿Y de segundo?
A1   De segundo quiero [pescado] con [ensalada de tomates].
A2   Y para mí [bistec] con [patatas].
A3   ¿Y de postre?
A1   Para mí [helado].
A2   A mí tráigame [fruta].

```
          Menú del día
         Precio: 475 Pts

        Menestra de verduras
        Tortilla a la española

             Pescado frito
             Pollo asado
                Bistec
           Filete de ternera

                 con
      Ensalada mixta o de tomates
     Patatas fritas o arroz blanco

                 Flan
          Helado de vainilla
                Fruta

                 Pan
     1/2 botella de vino tinto o
       1 botella de agua mineral
```

2.3 Práctica/Sobre usted
Usted, A1, entra en un restaurante y dice al camarero, A2, lo que desea comer.

A1   Quiero [pescado].
A2   ¿Cómo [lo] quiere?
A1   (diga como lo quiere)

Practique con:

pescado frito/al horno
bistec poco hecho/a la plancha
pollo asado/al horno
patatas fritas/cocidas

2.4 Escuchar y hablar 🎧
Usted, A1, va a un restaurante. El camarero, A2, viene a su mesa. Consulte el menú en 2.2 y responda a las preguntas del camarero.

3.1 Mirar y hablar

Carmen entra en una farmacia. Lea su conversación con el dependiente para pedir diferentes productos.

DEPENDIENTE	¿Qué desea?
CARMEN	Una caja de aspirinas.
DEPENDIENTE	Tenemos cajas de 20 y de 50.
CARMEN	Deme una caja de 20.
DEPENDIENTE	Aquí tiene. ¿Quiere algo más?
CARMEN	Sí, ¿tiene crema para el sol?
DEPENDIENTE	Sí, ¿la prefiere en tubo o en bote?
CARMEN	La prefiero en bote.
DEPENDIENTE	¿Algo más?
CARMEN	No, nada más.

Practique con:

un paquete de tiritas de 25/50

una caja de Kleenex grande/pequeña

un paquete de algodón de 100/250 gramos

3.2 Práctica en contexto

A1, de visita en un país de habla española, quiere hacer algunas compras. Antes de salir del hotel, habla con el portero, A2.

- A1 Perdone.
- A2 Sí, dígame.
- A1 Necesito comprar *[zapatos]*. ¿Dónde *[los]* puedo comprar?
- A2 Hay *[una zapatería]* a dos cuadras de aquí.

Practique con:

aspirinas
la farmacia

cigarrillos
el estanco

pan
la panadería

flores
la florería

3.3 Improvisación/Sobre usted

1. Usted, A1, quiere alquilar una casa en España para el verano. Hable con el empleado de la agencia, A2.

2. Usando el menú en 2.2, usted, A1, pide una comida al camarero, A2.

3. En una farmacia usted, A1, pide lo que necesita al dependiente, A2.

3.4 Escuchar y escoger 🎧

Escuche estas cuatro conversaciones y luego mire los dibujos e indique a qué dibujo corresponde cada diálogo. Escriba el número en el cuadro correspondiente.

4 Resumen

4.1 En esta unidad usted ha aprendido a

1. referirse a disponibilidad –
   en un tiempo futuro: ¿Para cuándo quiere [el apartamento]?
   Para [principios de julio].

   durante un período de tiempo: ¿Por cuánto tiempo necesita [un apartamento]?
   Por [dos meses].

2. referirse a deseos y necesidades específicas: ¿Qué tipo de [casa] busca?
   Busco [una casa] de [tres dormitorios].

3. expresar requerimientos específicos: ¿Cómo quiere [la crema], [en tubo o en bote]?
   [La] prefiero [en bote].

4.2 Y usted ha practicado

1. el uso de la preposición 'para' en frases referentes a una fecha futura: Necesito un piso para septiembre.
2. el uso de la preposición 'por' en frases de duración: Necesito un piso por un mes.

UNIDAD 20 — ¿Dónde pasaste tus vacaciones?

1.1 Diálogo: De vacaciones

Inge y Pablo se encuentran de vacaciones en el mismo hotel de Menorca.

INGE ¿Vienes siempre a este hotel?
PABLO Sí, suelo venir cada verano.
INGE Mi marido y yo por lo general vamos a Mallorca. Esta es la primera vez que venimos aquí.
PABLO ¿Os gusta este lugar?
INGE Sí, nos gusta mucho.

1.2 Práctica

A1 ¿Vienes/viene usted siempre aquí?
A2 Suelo venir [cada verano].
   o Vengo [todos los veranos].
   ¿Y tú/usted?
A1 Vengo [una vez al año].

Practique con:

cada semana/todas las semanas
cada mes/todos los meses
cada año/todos los años

dos veces a la semana
dos o tres veces al mes
tres o cuatro veces al año

1.3 Práctica

1. A1 ¿Qué hacéis/hacen ustedes [durante el verano]?
   A2 [Por lo general] [vamos a la costa].
2. A1 ¿Qué haces/hace usted [los sábados por la tarde]?
   A2 [A veces] [me quedo en casa].

Practique con:

en el invierno   normalmente
los fines de semana   de vez en cuando
cuando hace sol   algunas veces
en los ratos libres   siempre

| ir al campo | salir de vacaciones | jugar al tenis |
|  ver la televisión |  ir al cine |  no hacer nada en particular |

2.1 Diálogo: De vacaciones 🎧
Inge y Pablo siguen la conversación de 1.1.

INGE   ¿Dónde pasaste tus vacaciones el año pasado?
PABLO   Las pasé en México. Viajé a Acapulco el 30 de julio y volví a España a fines de agosto.
INGE   ¿Qué te pareció Acapulco?
PABLO   Me gustó muchísimo.

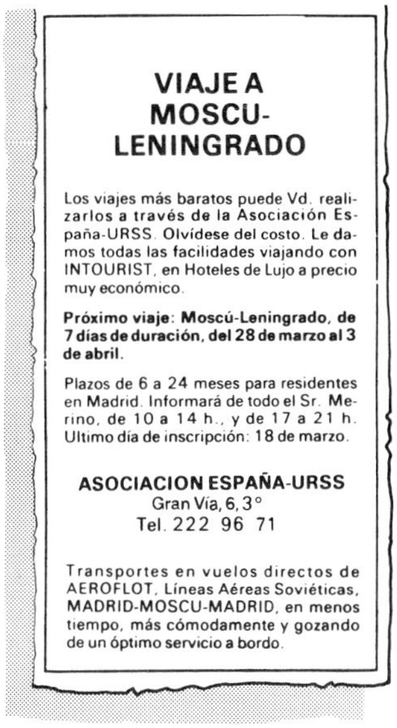

2.2 Práctica en contexto
A1 ¿Adónde fuiste/fue de vacaciones este año?
A2 Fui a [Buenos Aires] [con mi familia].
    Salimos de [Madrid] el [1 de julio]
    y volvimos el [28].
A1 ¿Qué te/le pareció [Buenos Aires]?
A2 Me gustó mucho.
   o No me gustó mucho.

Practique con:

CRUCERO SEMANA SANTA
T/N ENRICO "C"
Del 11 al 21 de Abril
Itinerario:
- BARCELONA
- CATANIA (Sicilia)
- DUBROVNIK (Yugoslavia)
- VENECIA
- ANCONA (S. Marino)
- MALTA
- BARCELONA

CRUCEROS YBARRA
Agentes Generales de Línea C

Informes e inscripciones
YBARRA Y CIA.
MADRID
PLAZA DE LA LEALTAD, 2 TEL. 221 58 39
y en todas las **AGENCIAS DE VIAJES**

VIAJE A MOSCU-LENINGRADO

Los viajes más baratos puede Vd. realizarlos a través de la Asociación España-URSS. Olvídese del costo. Le damos todas las facilidades viajando con INTOURIST, en Hoteles de Lujo a precio muy económico.

Próximo viaje: Moscú-Leningrado, de 7 días de duración, del 28 de marzo al 3 de abril.

Plazos de 6 a 24 meses para residentes en Madrid. Informará de todo el Sr. Merino, de 10 a 14 h., y de 17 a 21 h. Ultimo día de inscripción: 18 de marzo.

ASOCIACION ESPAÑA-URSS
Gran Vía, 6, 3°
Tel. 222 96 71

Transportes en vuelos directos de AEROFLOT, Líneas Aéreas Soviéticas, MADRID-MOSCU-MADRID, en menos tiempo, más cómodamente y gozando de un óptimo servicio a bordo.

2.3 Práctica
A1 ¿Qué hiciste/hizo [ayer por la mañana]?
A2 [Me levanté] a las [9], luego [desayuné].
    Después [salí de compras] y [al mediodía]
    [volví a casa].

Practique con:

Ayer por la mañana:	Luego:	Después:	Y:
levantarse	desayunar	salir de compras	volver a casa

Anoche:	Luego:	Después:	Y:
20.00 llegar a casa	leer el periódico	cenar	23.00 acostarse

El sábado pasado:	Luego:	Después:	Y:
comer con la familia	llamar a un amigo	escribir unas cartas	18.00 salir de paseo

3.1 Leer y hablar

Esta es parte de una carta de un amigo español, Andrés, a quien usted conoció en Madrid. Léala, luego estudie el cuadro de verbos, y haga el ejercicio que sigue.

> La semana pasada fui de vacaciones a Sevilla. Salí en avión desde Madrid el lunes a las 11 de la mañana y llegué a Sevilla al mediodía. En el aeropuerto tomé un taxi hasta un hotel en el centro de la ciudad. Aquel día por la tarde hice algunas compras y por la noche visité a unos amigos que me invitaron a cenar. Estuve con ellos hasta la medianoche y luego volví a mi hotel. Durante la semana pude ver los sitios más interesantes de Sevilla. Mis amigos y yo hicimos excursiones, fuimos de paseo por el río y anduvimos mucho. El sábado por la tarde volví a Madrid.

Verbos regulares

	yo	él/ella, usted	nosotros/ nosotras	ellos/ellas, ustedes
viajar	viajé	viajó	viajamos	viajaron
volver	volví	volvió	volvimos	volvieron
salir	salí	salió	salimos	salieron

Verbos irregulares

	yo	él/ella, usted	nosotros/ nosotras	ellos/ellas, ustedes
ir	fui	fue	fuimos	fueron
hacer	hice	hizo	hicimos	hicieron
poder	pude	pudo	pudimos	pudieron
estar	estuve	estuvo	estuvimos	estuvieron
andar	anduve	anduvo	anduvimos	anduvieron

Pregunte y diga lo que hizo Andrés la semana pasada.

1. A1 ¿Qué hizo Andrés la semana pasada?
   A2 Fue de vacaciones a Sevilla.

2. A1 ¿En qué fue?
   A2 Fue en avión.

3. A1 ¿A qué hora salió de Madrid?
   A2 Salió a las 11 de la mañana.

Continúe practicando con el texto de la carta.

3.2 Práctica en contexto

Un colega, A1, le pregunta a usted, A2, sobre algunas de sus actividades durante la semana pasada.

A1 ¿Qué hiciste durante la semana?
A2 El [martes] a las [6 de la tarde] [tomé el avión para Alemania]. El [miércoles y el jueves] [visité a unos clientes] [en Francfort]. El [viernes por la mañana] [salí de compras] y [a las 4.30 de la tarde] [volví a Madrid].

Practique con:

octubre	
9 lunes 10.00 recibir a los clientes	12 jueves terminar el informe anual
10 martes comer con los representantes extranjeros.	13 viernes 11.00 viajar a Londres
11 miércoles comenzar el informe anual	14 sábado
	15 domingo

3.3 Improvisación/Sobre usted

Usted, A1, habla con otro estudiante, A2, sobre lo que hicieron el verano pasado y la semana pasada.

3.4 Escuchar y escribir ∩

Escuche esta conversación entre dos colegas y conteste las preguntas.

1. ¿Dónde pasó sus vacaciones el Sr García?
2. ¿Qué lugares visitó?
3. ¿Cuántos días estuvo con sus amigos?
4. ¿Dónde se quedó en Lima?
5. ¿Cuánto tiempo estuvo allí?
6. ¿En qué viajó a Río de Janeiro?
7. ¿Cuándo volvió a España?

4 Resumen

4.1 En esta unidad usted ha aprendido a

1. preguntar y responder sobre lo que suele hacer:

    ¿Qué haces [durante el verano]?
    [Suelo ir] [a la costa].
    [Por lo general voy] [a la costa].

2. referirse a una acción pasada especificando el momento en que se realizó:

    ¿Dónde pasaste tus vacaciones [el año pasado]?
    Las pasé en [México].

3. referirse a una secuencia de acciones ocurridas en el pasado:

    [Me levanté] a las [9], luego [desayuné].

4.2 Y usted ha practicado

1. las formas de 1ª y 3ª personas singular y plural del pretérito indefinido de verbos que terminan en –

    '-ar': Viajé/viajó/viajamos/viajaron a Acapulco.
    '-er', '-ir': Volví/volvió/volvimos/volvieron a fines de agosto.

2. las formas de 1ª y 3ª personas singular y plural del pretérito indefinido de verbos irregulares –

    'ir': Fui/fue/fuimos/fueron a Buenos Aires.
    'hacer': Hice/hizo/hicimos/hicieron excursiones.
    'estar': Estuve/estuvo/estuvimos/estuvieron hasta las 12.
    'poder': Pude/pudo/pudimos/pudieron ver los sitios de interés.
    'andar': Anduve/anduvo/anduvimos/anduvieron mucho.

3. las formas de 2ª persona singular del pretérito indefinido –

    de verbos que terminan en '-ar': ¿Dónde pasaste tus vacaciones el año pasado?
    del verbo 'ir': ¿Adónde fuiste de vacaciones este año?
    del verbo 'hacer': ¿Qué hiciste ayer por la mañana?

UNIDAD 21 — Hace dos años que vivo aquí

1.1 Diálogo: Un accidente

Luis ha tenido un accidente en su coche. Lo entrevista un policía.

POLICÍA ¿Su nombre, por favor?
LUIS Luis Castro.
POLICÍA ¿Es usted español?
LUIS Sí, soy español, pero vivo en Inglaterra, en Londres.
POLICÍA ¿Hace cuánto tiempo que vive allí?
LUIS Hace dos años.
POLICÍA ¿En qué trabaja usted?
LUIS Soy profesor de idiomas en un instituto.
POLICÍA ¿Hace cuánto que trabaja allí?
LUIS Un año.

1.2 Práctica

1. A1 ¿Hace cuánto tiempo que [vive allí]?
   A2 Hace [dos años].
   Hace [dos años] que [vivo allí].
   o [Vivo allí] desde hace [dos años].

2. A1 ¿Hace cuánto tiempo que [llegaste a este país]?
   A2 Hace [dos meses].
   Hace [dos meses] que [llegué aquí].
   o [Llegué aquí] hace [dos meses].

Practique con:

trabajar allí
estudiar aquí
estar aquí

visitar México
escribir a sus padres
volver del extranjero

60 minutos	= 1 hora
24 horas	= 1 día
7 días	= 1 semana
4 semanas	= 1 mes
12 meses	= 1 año

1.3 Práctica/Sobre usted

En una fiesta usted, A1, conoce a un extranjero que estudia español, A2.

A1 ¿Hace cuánto tiempo que [estudias español]?
A2 Hace [seis meses].
A1 ¿Dónde [estudias]?
A2 [Estudio] en [una academia de idiomas].

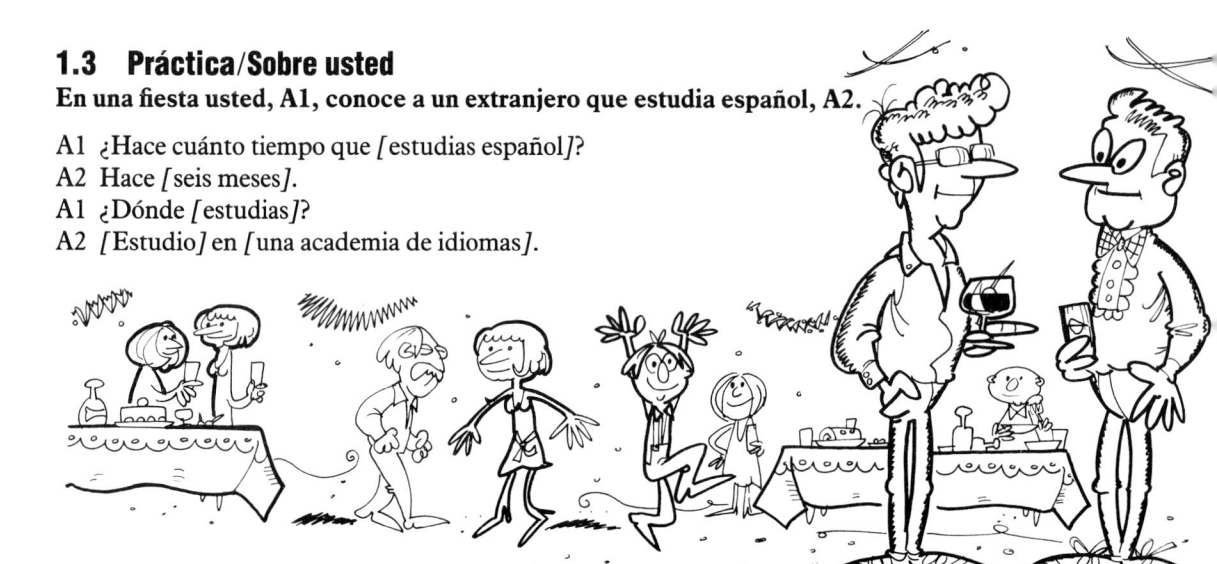

2.1 Diálogo: Una entrevista 🎧
Martin busca un trabajo en una compañía española.

JEFE DE PERSONAL	¿Cuándo nació usted?
MARTIN	Nací el 6 de diciembre de 1962.
JEFE DE PERSONAL	¿Dónde nació?
MARTIN	En Chicago.
JEFE DE PERSONAL	¿Cuándo terminó sus estudios?
MARTIN	Los terminé en el año 1985.
JEFE DE PERSONAL	¿Qué hizo después?
MARTIN	Trabajé en una oficina durante dieciocho meses.
JEFE DE PERSONAL	¿Cuándo comenzó sus estudios de español?
MARTIN	Los comencé hace seis meses.

2.2 Práctica/Sobre usted
Usted, A1, asiste a una entrevista. Responde a las preguntas de A2.

A2 ¿Cuándo nació usted?
A1 Nací el [29] de [marzo] de [1951].
A2 ¿Dónde nació?
A1 Nací en [Hamburgo].
A2 ¿Dónde trabajó en [Alemania]?
A1 Trabajé en [un instituto].
A2 ¿Cuándo comenzó sus estudios de español?
A1 Los comencé hace [seis meses].

Practique con:

Nombre: Michael Phillips
Lugar de nacimiento: Oxford
Fecha de nacimiento: 24.3.33
Ocupación: gerente de compañía
Estudios de español: 18 meses de español

Nombre: Liv Andersson
Lugar de nacimiento: Estocolmo
Fecha de nacimiento: 12.4.47
Ocupación: profesora de universidad
Estudios de español: 1 año de español

Nombre: Brigitte Moreau
Lugar de nacimiento: Marsella
Fecha de nacimiento: 4.9.65
Ocupación: recepcionista de hotel
Estudios de español: 8 años de español

2.3 Escuchar y escribir 🎧
El gerente de una compañía española entrevista a alguien. Escuche la conversación y tome nota sobre la información personal del entrevistado.

Nacionalidad: _____
Estancia en España: _____
Estudios de español: _____
Lugar donde estudió: _____
Otros idiomas: _____

3.1 Leer, escribir y hablar

Una extranjera, A1, ha solicitado una entrevista con una empresa española. Lea la entrevista con el jefe de personal, A2, y rellene el formulario.

A2 ¿Cuál es su nombre, por favor?
A1 Mi nombre es Christine Martin.
A2 ¿Cuál es su nacionalidad?
A1 Soy canadiense.
A2 ¿Cuándo nació usted?
A1 Nací el 14 de agosto de 1949.
A2 ¿Dónde nació?
A1 Nací en Montreal.
A2 ¿Y dónde vive ahora?
A1 Vivo en la Calle Toronto, número 342.
A2 ¿En qué trabaja usted actualmente?
A1 Trabajo en relaciones públicas.
A2 ¿Dónde trabaja?
A1 Trabajo en una industria de automóviles.
A2 ¿Cuándo comenzó a trabajar allí?
A1 Comencé el 2 de mayo de 1985.

Nombre: _____
Fecha de nacimiento: _____
Lugar de nacimiento: _____
Nacionalidad: _____
Dirección: _____
Ocupación: _____
Lugar de trabajo: _____
Desde: _____

Ahora haga diálogos similares con esta información:

Nombre:	Simon Lewis	Mary Kay	Jean-Pierre Cassell
Nacionalidad:	norteamericano	británica	francés
Fecha de nacimiento:	14.4.1944	5.7.1960	20.12.1955
Lugar de nacimiento:	Cincinatti	Edimburgo, Escocia	Marsella, Francia
Dirección:	Calle Washington, 105	Calle Dublín, 592	Avenida Tánger, 410
Ocupación:	empleado de banco	peluquera	albañil
Lugar de trabajo:	Banco Central de Ohio	salón de belleza	empresa de construcciones
Desde:	19.9.1967	3.1.1979	15.10.1975

3.2 Improvisación/Sobre usted

Usted, A1, desea inscribirse en una escuela de idiomas en un país de habla española. La persona que lo entrevista, A2, le pregunta su nombre, su edad, su fecha de nacimiento, el lugar de nacimiento, cuándo comenzó sus estudios de español, y dónde.

3.3 Escuchar y escoger 🎧

Escuche esta conversación entre un inmigrante mexicano en los Estados Unidos y el jefe de personal de una industria norte-americana. Luego escoja la información correcta, a., b. o c. (√).

1. Raúl nació en **a.** la Ciudad de México ☐
   b. los Estados Unidos ☐
   c. Veracruz ☐

2. Nació el **a.** 23.6.1948 ☐
   b. 13.7.1948 ☐
   c. 3.6.1958 ☐

3. Vive en los Estados Unidos
   a. desde hace 2½ años ☐
   b. desde hace 2 años ☐
   c. desde hace 1½ años ☐

4. En Dallas, trabajó en **a.** un garage ☐
   b. una industria ☐
   c. una universidad ☐

5. Terminó sus estudios **a.** en el año 1967 ☐
   b. en el año 1970 ☐
   c. en el año 1971 ☐

4 Resumen

4.1 En esta unidad usted ha aprendido a

1. preguntar a una persona por la duración de una actividad o estado y responder a la pregunta:

   ¿Hace cuánto tiempo que [vive aquí]?
   Hace [dos años] (que [vivo aquí]).
   [Vivo aquí] desde hace [dos años].

2. preguntar a una persona sobre el tiempo que ha transcurrido desde un momento preciso en el pasado y responder a la pregunta:

   ¿Hace cuánto tiempo que [llegó a este país]?
   Hace [dos meses] (que [llegué]).
   [Llegué] hace [dos meses].

3. preguntar a una persona en qué trabaja:

   ¿En qué trabaja?

4. decir dónde trabaja usted:

   Trabajo en [una industria].

5. preguntar la fecha y lugar de nacimiento de una persona y responder:

   ¿Cuándo nació?
   Nací el [29] de [marzo] de [1951].
   ¿Dónde nació?
   Nací en [Hamburgo].

6. preguntar sobre el comienzo y terminación de una actividad y responder:

   ¿Cuándo comenzó [sus estudios]?
   [Los] comencé [hace seis meses].
   ¿Cuándo terminó [sus estudios]?
   [Los] terminé [en el año 1966].

4.2 Y usted ha practicado

1. 'hace' + expresión de tiempo + 'que' + verbo:

   Hace dos años que vivo aquí.
   Hace seis meses que llegué.

2. verbo (en presente) + 'desde hace' + expresión de tiempo:

   Vivo aquí desde hace dos años.

3. verbo (en pretérito indefinido) + 'hace' + expresión de tiempo:

   Llegué hace seis meses.

UNIDAD 22 — Me parece que era extranjero

1.1 Diálogo: Un robo

Carmen ha ido a la comisaría para denunciar un robo.

POLICÍA Buenos días. ¿En qué puedo servirle?
CARMEN Vengo a denunciar el robo de un coche.
POLICÍA ¿Es suyo el coche?
CARMEN No, es de este señor. El es suizo, y no habla español.
POLICÍA Bien. Un momento. Primero tiene que darme algunos datos personales. ¿Cómo se llama su amigo?
CARMEN Se llama André Tanner.
POLICÍA Es suizo, ¿no? ¿De qué parte de Suiza es?
CARMEN De Ginebra.
POLICÍA ¿En qué trabaja?
CARMEN Es ingeniero. Acaba de llegar a España para trabajar en una compañía aquí.
POLICÍA ¿Cuál es su domicilio en Barcelona?
CARMEN Vive en la Vía Augusta, 294.
POLICÍA ¿Tiene teléfono?
CARMEN Sí, es el 2 72 43 90.

Informe policial

robo de coche: Seat 1500
propietario: André Tanner, suizo, de Ginebra, ingeniero
domicilio: Vía Augusta, 294
tfno: 2 72 43 90

1.2 Práctica en contexto

Dos amigos hablan sobre una conocida.

A1 [Cristina] es [argentina], ¿verdad?
A2 Sí, es [argentina].
A1 ¿De qué parte de [Argentina] es?
A2 Creo que es de [Buenos Aires].
A1 ¿Y en qué trabaja?
A2 Es [periodista]. Trabaja en [una revista femenina].
A1 ¿Sabes tú dónde vive?
A2 Sí, vive en [la Calle Extremadura, 540], cerca de [la iglesia de Santa Inés].
A1 ¿Qué teléfono tiene? ¿Lo sabes?
A2 Sí, aquí lo tengo. Es el [3 97 30 58].
    o No, no lo sé.

Practique con:

Nombre: Ana Beltrán Ochoa
Nacionalidad: española
Ciudad: Sevilla
Ocupación: dependienta en un supermercado
Dirección: Calle Santa Cruz, 834
Teléfono: -

Nombre: Mario Benetti Arata
Nacionalidad: venezolano
Ciudad: Caracas
Ocupación: técnico en una industria
Dirección: Calle S. Bolívar, 352
Teléfono: 36 96 64

Nombre: Rafael González Ibarra
Nacionalidad: chileno
Ciudad: Santiago
Ocupación: empleado de una compañía de seguros
Dirección: Avda. Providencia, 52
Teléfono: 92 40 38

2.1 Diálogo: ¿Hay algún recado?

Pablo acaba de volver a su trabajo. Habla con la secretaria.

PABLO ¿Hay algún recado para mí?
SECRETARIA Sí, me olvidaba decirle que ha venido un señor a verlo.
PABLO ¿Ha dejado su nombre?
SECRETARIA No, no quiso dejar su nombre. Dijo que quería hablar personalmente con usted.
PABLO ¿Cómo era?
SECRETARIA Era un señor de pelo blanco, con gafas, de unos sesenta años.
PABLO ¿Era español?
SECRETARIA No, me parece que era extranjero.

2.2 Práctica en contexto

A1 pide a A2 que describa a una persona.

A1 ¿Cómo era?
A2 Era [una señorita] [de unos 30 años], [alta], [morena], y [de pelo corto].
A1 ¿Era [española]?
A2 No, me parece que era [extranjera].
    o Sí, me parece que sí.

Practique con:

un señor/una señora/una señorita/un chico
15/20/40/60 años
alto/bajo/gordo/delgado
moreno/rubio/negro
de pelo castaño/blanco/rizado/liso
mexicano/peruano/argentino/chileno

2.3 Improvisación/Sobre usted

Haga una descripción física de una persona que usted conoció.

3.1 Mirar y hablar
Pablo pregunta a su secretaria por su colega.

PABLO   ¿No ha venido Carmen hoy?
SECRETARIA   No, llamó por teléfono hace un rato.
                Dijo que no se sentía bien. Está
                resfriada y le duele mucho la cabeza.
                Va a venir mañana si se siente mejor.

Practique con:

- Tuve un accidente y me rompí una pierna.
- Tengo dolor de muelas y voy al dentista.
- Tengo fiebre y me duele el estómago.

3.2 Escuchar y escoger
El director de una compañía recibe una serie de recados de parte de su secretaria luego de un día de ausencia. Escuche cada recado y escoja la información correcta.

El Sr Phillips:

1. a. Va a llamar por teléfono mañana.
   b. Llamó por teléfono esta mañana.
   c. Quiere llamar por teléfono pasado mañana.

2. a. Se siente bastante bien.
   b. No se siente mal.
   c. No se siente muy bien.

3. a. Tuvo un accidente.
   b. Está resfriado.
   c. Tiene dolor de estómago.

El Sr Cristóbal Alfaro:

1. a. Es norteamericano.
   b. Es centroamericano.
   c. Es sudamericano.

2. a. Va a quedarse una semana en Madrid.
   b. Va a quedarse unas semanas en Madrid.
   c. Va a quedarse unas dos semanas en Madrid.

3. a. Está en la habitación 621.
   b. Está en la habitación 721.
   c. Esta en la habitación 521.

La señora que vino a ver al director:

1. a. Era baja y delgada.
   b. Era alta y gorda.
   c. Era alta y delgada.

2. a. Era rubia y tenía pelo largo.
   b. Era morena y tenía pelo corto.
   c. Era rubia y tenía pelo corto.

3. a. Era española.
   b. Era extranjera.
   c. Era extremeña.

3.3 Improvisación

1. Usted, A1, y un amigo, A2, hablan sobre un conocido. Haga preguntas sobre la nacionalidad de la persona, de qué parte del país es, en qué trabaja, dónde vive y cuál es su número de teléfono.

2. Mientras usted, A1, estaba ausente de casa, un desconocido vino a verlo y habló con A2. Pregunte a A2 cómo era el desconocido. A2 lo describe indicando algunas características físicas y su edad aproximada.

3. Usted, A1, tiene una cita con un amigo, A2. Desgraciadamente usted no se siente bien. Llame por teléfono a su amigo diciendo lo que le pasa.

4 Resumen

4.1 En esta unidad usted ha aprendido a

1. preguntar y decir de qué parte es una persona: ¿De qué parte de [Suiza] es?
   Es de [Ginebra].

2. preguntar y decir la dirección de una persona: ¿Dónde vive?
   Vive en [la Vía Augusta, 294].

3. preguntar y decir el número de teléfono de una persona: ¿Qué teléfono tiene?
   Es el [2 72 43 90].

4. decir lo que ha dicho una persona: Dijo que [quería hablar con usted].

5. describir físicamente a una persona que ha visto: Era [un señor] [de pelo blanco] y [con gafas], de unos [60] años.

6. expresar inseguridad: Creo que [era extranjero].
   Me parece que [era extranjero].

7. referirse a estados de salud: (No) me siento bien.
   Tengo dolor de [cabeza].
   Me duele [el estómago].

4.2 Y usted ha practicado

1. las 1ª y 3ª personas singular del pretérito indefinido del verbo 'tener': Tuve/tuvo un accidente.

2. la 3ª persona singular del pretérito indefinido de los verbos 'decir' y 'querer': Dijo que quería hablar con usted.
   No quiso dejar su nombre.

3. la 3ª persona singular del pretérito imperfecto de verbos que terminan en – '-er': Dijo que quería hablar con usted.
   '-ir': Dijo que no se sentía bien.

4. la 3ª persona singular del pretérito imperfecto del verbo 'ser': Era extranjera.

5. la 3ª persona singular del pretérito perfecto de verbos que terminan en – '-ar': ¿Ha dejado su nombre?
   '-er', 'ir': Ha venido un señor.

UNIDAD 23 — ¿A qué distancia está?

1.1 Diálogo: En la calle
Liv busca un sitio para comer. Pregunta a un transeúnte.

LIV Perdone, ¿puede decirme si hay algún restaurante por aquí?
TRANSEUNTE Sí, el Restaurante El Faro está a unos trescientos metros de aquí en la Calle San Félix.
LIV ¿Dónde está la Calle San Félix?
TRANSEUNTE Mire, suba usted por esta calle y luego tome la segunda a la derecha. Esa es la Calle San Félix.
LIV Muchas gracias.

1.2 Práctica en contexto
A1, de visita en una ciudad, pregunta el camino a un transeúnte, A2. Practique el diálogo usando el plano y las señales.

⬆ siga todo recto/ suba por esta calle

⬇ baje por esta calle

⬅ cruce la plaza

↱ doble a la derecha

↰ doble a la izquierda

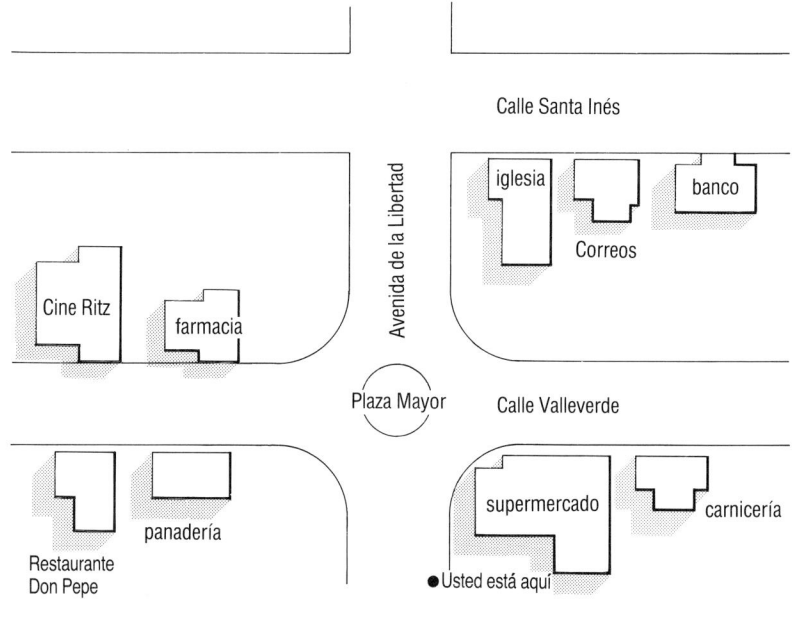

A1 Perdone. ¿Puede decirme si hay [alguna farmacia] por aquí?
A2 Sí, hay [una farmacia] a unos [doscientos] metros de aquí, en [la Calle Valleverde].
A1 ¿Dónde está [la Calle Valleverde]?
A2 Mire, [siga todo recto por esta calle] y [en la primera] [doble a la izquierda]. Esa es [la Calle Valleverde]. [La farmacia] está [al lado del cine].

2.1 Diálogo: En coche 🎧

Michael va en coche a Sanlúcar de Barrameda. Pregunta a un guardia cómo ir.

MICHAEL Por favor, ¿por dónde se va a Sanlúcar?
GUARDIA Mire usted, cuando llegue al Paseo de las Delicias doble a la izquierda y tome la carretera que va a Cádiz.
MICHAEL ¿Sabe usted cuántos kilómetros faltan para llegar a Sanlúcar?
GUARDIA Pues, está a unos 200 kilómetros de aquí.
MICHAEL Gracias.
GUARDIA De nada, señor, ¡que tenga buen viaje!

2.2 Práctica en contexto

A1 viaja en coche por un país de habla española. Antes de salir del hotel pide al portero, A2, que le indique el camino. Practique la conversación usando la información del mapa.

A1 Por favor, ¿por dónde se va a [Guadalajara]?
A2 Va en coche, ¿no?
A1 Sí, voy en coche.
A2 Mire, cuando llegue usted a la próxima esquina, [siga derecho] y tome [la calle de Alcalá], que va hacia [Barcelona].
A1 ¿Cuántos kilómetros faltan para llegar a [Guadalajara]?
A2 Está a unos [40] kilómetros de aquí.
A1 Muchas gracias.
A2 De nada, ¡que le vaya bien!

Practique con:

Illescas
doble a la derecha
el Paseo del Prado
Toledo
35

El Escorial
doble a la derecha
la Calle de la Princesa
La Coruña
50

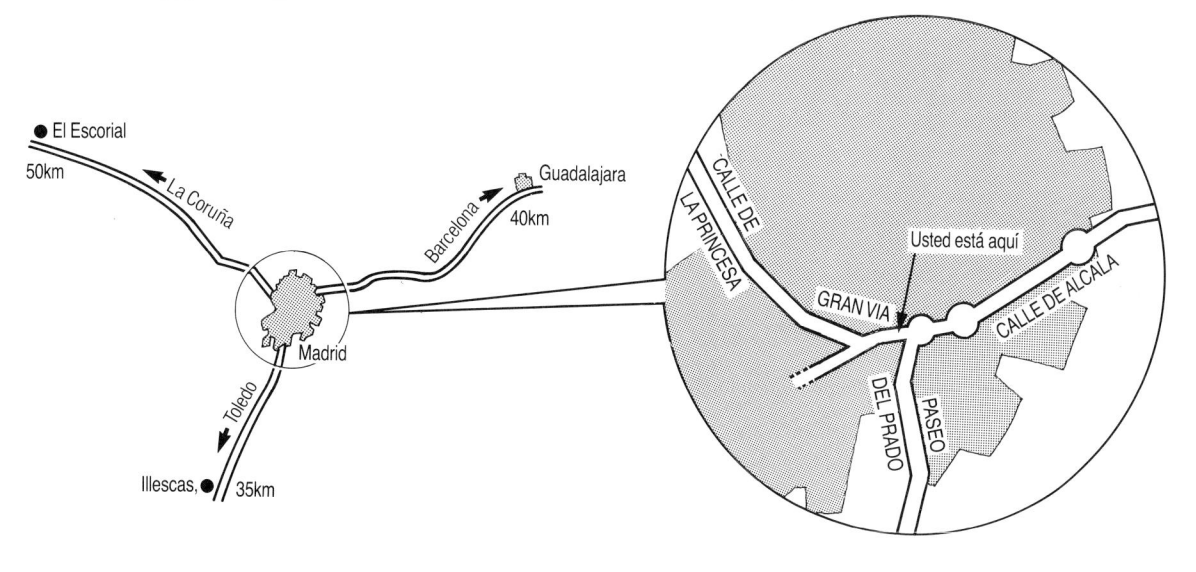

2.3 Escuchar y escribir 🎧

Usted viaja por España con un amigo. Su amigo le pregunta a un guardia dónde está el parador. Tome usted nota de las instrucciones que da el guardia.

3.1 Mirar y hablar

1. **Brigitte está de visita en un país de habla española. En la calle detiene a un guardia y le pregunta dónde hay una estación de metro. Practique la conversación usando la información del mapa.**

BRIGITTE ¿Puede decirme si hay alguna estación de metro por aquí?
GUARDIA Sí, la estación Sevilla está a 20 metros de aquí, en Chapultepec.
BRIGITTE ¿Y sabe usted qué línea tengo que tomar para ir al Zócalo?
GUARDIA Sí, tome la línea que va al Aeropuerto, y bájese una parada después de Isabel la Católica.
BRIGITTE ¿Cuántas estaciones son?
GUARDIA Son 6 estaciones solamente.

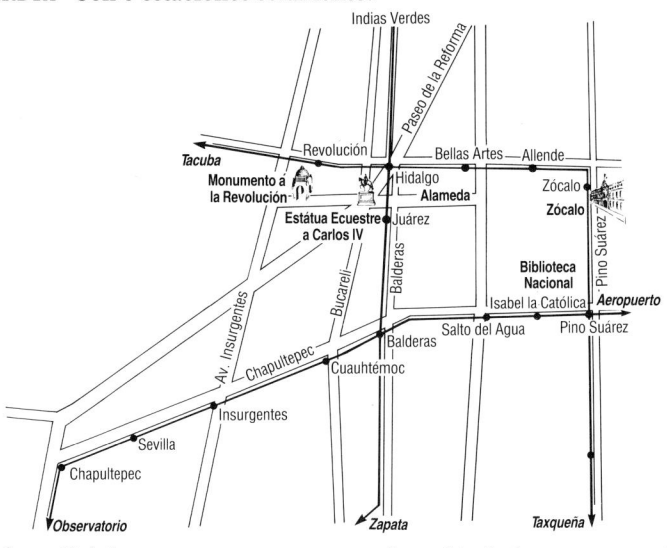

2. **Ahora Brigitte pregunta a un transeúnte dónde hay una parada de autobuses. Practique la conversación usando la información del dibujo.**

BRIGITTE ¿Me puede decir si hay alguna parada de autobuses por aquí?
TRANSEÚNTE Sí, al lado de esa cabina telefónica hay una parada de autobuses.
BRIGITTE ¿Sabe usted qué autobús tengo que tomar para ir a Illetas?
TRANSEÚNTE Para Illetas tome el número 23 o el 13.

3.2 Improvisación

1. **Desde hace unos días usted, A1, está en una ciudad española. Al salir de Correos un desconocido, A2, le pregunta a usted si sabe dónde está el Restaurante Don Pepe. Mire el plano en 1.2 y dé las indicaciones que corresponden.**

2. **En Málaga, un desconocido, A2, se asoma de su coche y le pregunta a usted, A1, por dónde se va a Jaén y a qué distancia está. Mire el mapa y dé las indicaciones que corresponden.**

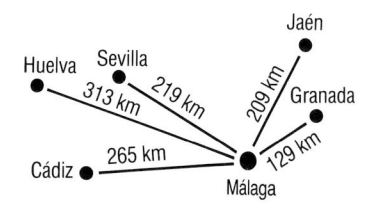

3.3 Escuchar y escribir 🎧
De paso por una ciudad española, un turista pregunta a un transeúnte dónde puede encontrar un sitio. Escuche las indicaciones del transeúnte y escriba la información correcta.

1. El turista busca . . .
2. La calle está a . . . minutos.
3. El turista tiene que tomar el autobús . . . o . . .
4. La parada del autobús está . . .

4 Resumen
4.1 En esta unidad usted ha aprendido a

1. preguntar y decir a qué distancia se encuentra un lugar:

   ¿Cuántos kilómetros faltan para llegar a *[Sanlúcar]*?
   Está a unos *[200]* kilómetros de aquí.

2. preguntar y decir por dónde se va a un lugar dando indicaciones precisas:

   ¿Por dónde se va a *[Sanlúcar]*?
   Cuando llegue *[al Paseo de las Delicias]* doble a *[la izquierda]* y tome *[la carretera que va a Cádiz]*.

3. pedir y dar indicaciones sobre cómo llegar a un lugar usando transporte público:

   ¿Qué *[línea]* tengo que tomar para ir *[al Zócalo]*?
   Tome *[la línea]* que va *[al Aeropuerto]*.

4.2 Y usted ha practicado

1. el singular del imperativo formal de
   verbos que – terminan en '-ar':   Doble a la izquierda.
                  terminan en '-er', '-ir':   Suba por esta calle.
                  cambian la raíz: Siga todo recto.

2. la 3ª persona singular del presente del subjuntivo –
   de verbos que terminan en '-ar':   Cuando llegue al Paseo de las Delicias . . .
   del verbo 'tener':   ¡Que tenga buen viaje!
   del verbo 'ir':   ¡Que le vaya bien!
   de los verbos con cambios ortográficos: (cruzar) Cruce la plaza.
      (llegar) Cuando llegue al Paseo . . .

3. el uso del subjuntivo en –
   exclamaciones de deseo: ¡Que le vaya bien!
      ¡Que tenga buen viaje!
   frases con sentido futuro: Cuando llegue usted a la próxima esquina . . .

4. el uso del relativo 'cuando' en frases con sentido futuro: Cuando llegue usted a la próxima esquina . . .

UNIDAD 24 — Está en el interior

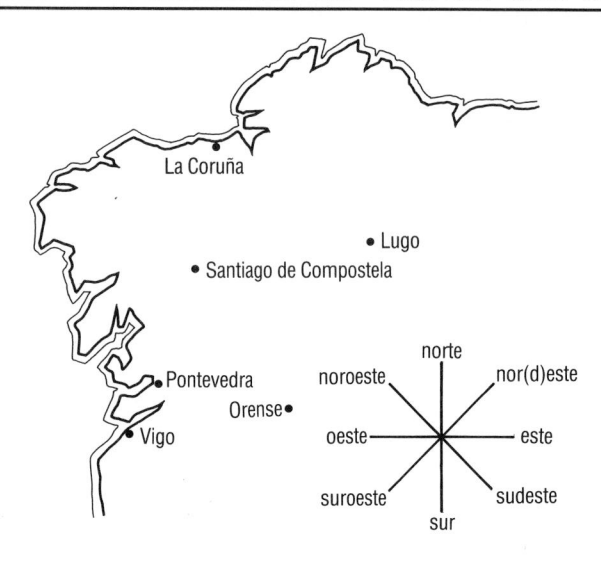

1.1 Diálogo: Entre desconocidos
Michael y Carmen acaban de conocerse.

MICHAEL ¿De qué parte de España es usted?
CARMEN Pues, ahora vivo en Barcelona, pero antes vivía en Lugo.
MICHAEL No conozco Lugo. ¿Dónde está?
CARMEN Está en Galicia, en el noroeste de España.
MICHAEL ¿Está en la costa?
CARMEN No, está en el interior, a unos 100 kilómetros de La Coruña.
MICHAEL ¿Y qué hacía usted en Lugo? ¿Trabajaba allí?
CARMEN Sí, trabajaba en unos almacenes. Vendía ropa.

1.2 Práctica en contexto
Un español, A1, y un mexicano, A2, entablan conversación.

A1 ¿De qué parte de México es usted?
A2 Bueno, vivo en [la Ciudad de México], pero antes vivía en [Jalapa].
A1 ¿Dónde está [Jalapa]?
A2 Está en el [sudeste] de México.
A1 ¿Está en la costa?
A2 [No], está en [el interior], a unos [100] kilómetros de [Veracruz].

Practique con:

1.3 Improvisación/Sobre usted
Un conocido de habla española, A2, viene a su país en viaje de negocios. Quiere saber dónde están algunas de las ciudades y pueblos que tiene que visitar. Usted, A1, le indica dónde está cada ciudad y a qué distancia está de la ciudad o pueblo donde usted vive.

2.1 Diálogo: Alquilando un apartamento 🎧

Michael ha decidido pasar el verano en España. Va con un amigo para alquilar un apartamento.

MICHAEL Buenas tardes. Quisiéramos alquilar un apartamento para este verano.
EMPLEADO ¿Qué clase de apartamento quieren ustedes?
MICHAEL Bueno, queremos uno que no sea muy grande. Nos gustaría un apartamento cerca de la playa, aunque sea más caro.
EMPLEADO Pues, de momento lo único que tenemos cerca de la playa es éste, que tiene dos dormitorios. Aquí pueden verlo ustedes en el plano.
MICHAEL Esta es la puerta de entrada, ¿no?
EMPLEADO Sí, y aquí a la derecha tienen ustedes la sala, luego la cocina, y al fondo está el comedor. El comedor tiene una pequeña terraza. A la izquierda, enfrente de la sala, hay un dormitorio grande, luego sigue el cuarto de baño y junto al cuarto de baño hay otra habitación más pequeña, que es el otro dormitorio.

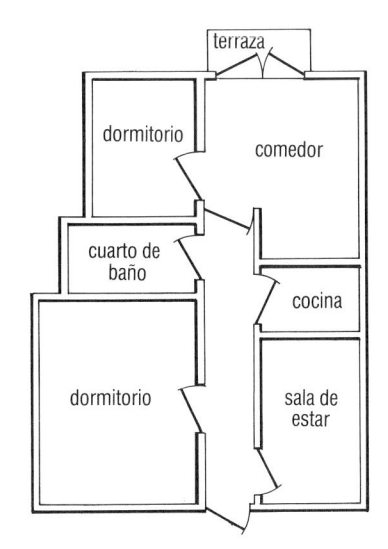

2.2 Práctica en contexto

A1 describe su casa a A2, que acaba de conocer.

A1 Como ve, tiene [un pequeño jardín].
A2 Esta es [la puerta de entrada], ¿no?
A1 Sí, y aquí [a la izquierda] está [la sala], luego sigue [el comedor] y [al fondo] está [la cocina]. Aquí [entre la cocina y el comedor] está [la escalera].
A2 ¿Y arriba?
A1 Arriba hay [dos dormitorios] y [el cuarto de baño].

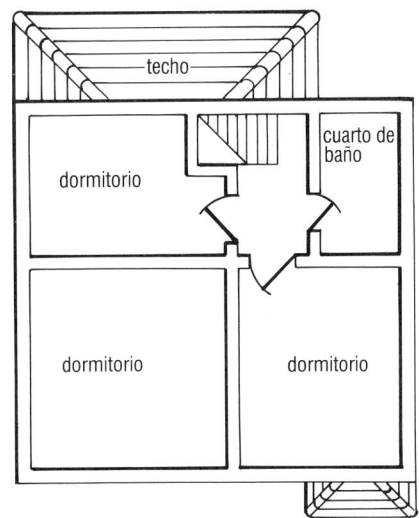

Practique la conversación usando el plano:

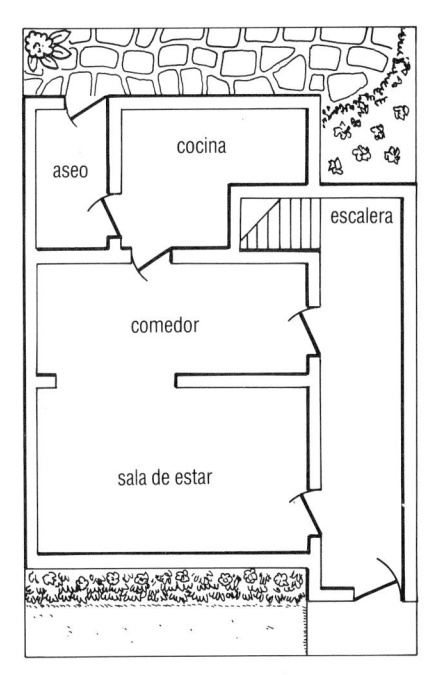

2.3 Escuchar y escribir 🎧

Una persona a quien usted conoce desde hace muy poco le describe a usted su casa. Escuche la descripción y luego dibuje un plano de la casa y escriba los nombres de cada habitación en el lugar correspondiente en el plano.

3.1 Mirar y hablar
Mire los dibujos y haga conversaciones similares a ésta entre A1 y A2.

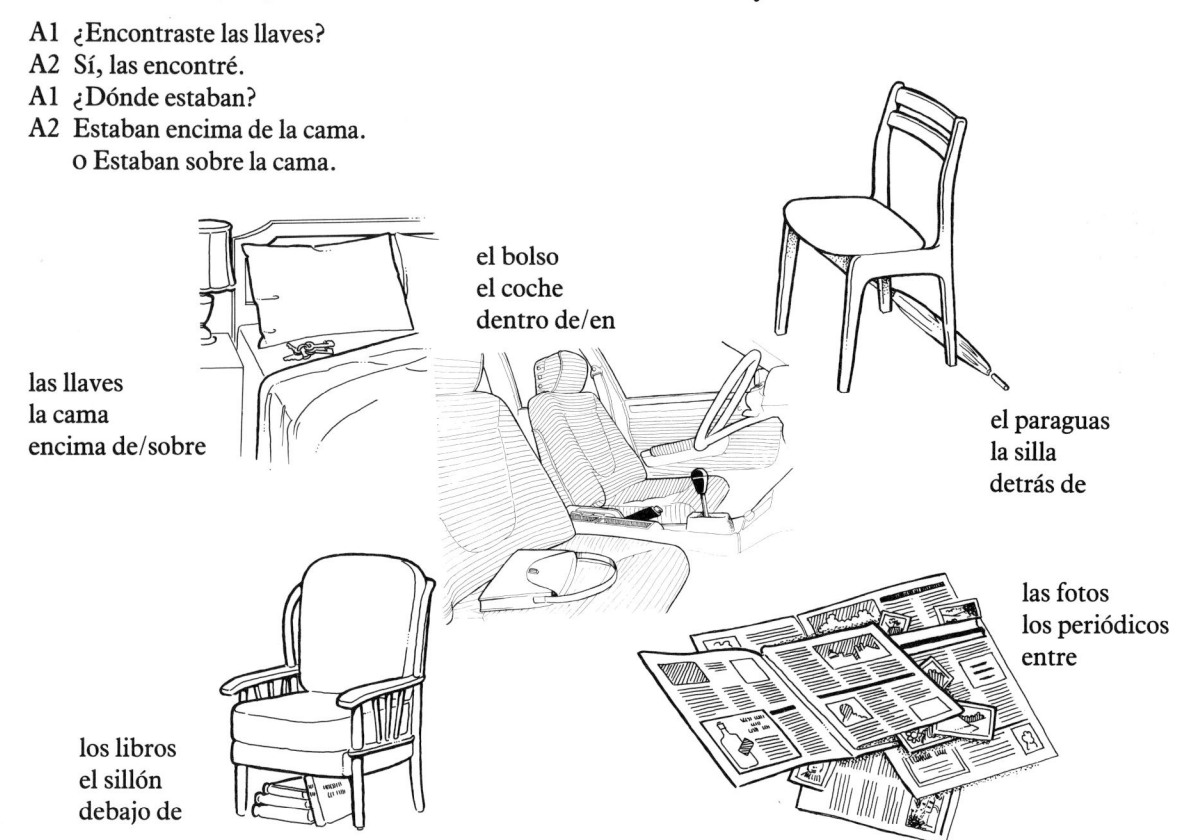

A1 ¿Encontraste las llaves?
A2 Sí, las encontré.
A1 ¿Dónde estaban?
A2 Estaban encima de la cama.
    o Estaban sobre la cama.

el bolso
el coche
dentro de/en

las llaves
la cama
encima de/sobre

el paraguas
la silla
detrás de

los libros
el sillón
debajo de

las fotos
los periódicos
entre

3.2 Improvisación/Sobre usted
Usted, A1, hace una descripción de su casa a un conocido, A2. Indique qué habitaciones hay y dónde está cada una de ellas. Diga si tiene jardín, terraza o garage.

3.3 Escuchar y escribir
Escuche esta conversación entre un español y una argentina que está de vacaciones en España y conteste las preguntas.

1. ¿Dónde está Mendoza?

2. ¿A qué distancia está de Buenos Aires?

3. ¿Cuántos dormitorios tiene la casa?

4. ¿Cómo es la casa?

5. ¿Dónde está el patio?

6. ¿Qué hay junto al jardín?

7. ¿A qué distancia está la casa del centro?

8. ¿Cuánto tiempo hace que vive allí?

4 Resumen

4.1 En esta unidad usted ha aprendido a

1. referirse a donde vive y vivía: Ahora vivo en [Barcelona], pero antes vivía en [Lugo].
2. referirse a la ubicación exacta de una ciudad: ¿Dónde está [Lugo]?
   Está en [Galicia], en el [noroeste] de España.
   Está en [el interior], a unos [100] kilómetros de [La Coruña].
3. referirse a lo que hacía en un lugar determinado: ¿Qué hacía usted en [Lugo]?
   Trabajaba en [unos almacenes].
4. referirse a donde se encontraba un objeto: ¿Dónde estaban [las llaves]?
   Estaban [encima de la cama].
5. expresar requisitos con respecto a una vivienda: Queremos [un apartamento] que no sea [muy grande].
   Nos gustaría [un apartamento] que no sea [muy grande].
6. dar información sobre la ubicación de una habitación: Aquí [a la izquierda] está [la sala].

4.2 Y usted ha practicado

1. la 3ª persona singular y plural del pretérito imperfecto del verbo 'estar':
   El bolso estaba dentro del coche.
   Las llaves estaban sobre la cama.

2. las 1ª y 3ª personas singular del pretérito imperfecto de verbos que terminan en –
   '-ar': Trabajaba en unos almacenes.
   '-er', '-ir': Vendía ropa.
   Antes vivía en Lugo.

3. la 3ª persona singular del presente del subjuntivo del verbo 'ser':
   Aunque sea más caro.

UNIDAD 25 — De vacaciones

1.1 Diálogo: Planeando las vacaciones 🎧
Carmen y Pablo hablan de sus planes para las próximas vacaciones.

PABLO   ¿Qué planes tienes para el próximo verano?
CARMEN   Me voy a Marruecos el 3 de julio.
PABLO   ¿Es la primera vez que vas allí?
CARMEN   No, estuve allí hace dos años.
PABLO   ¿Y por cuánto tiempo vas?
CARMEN   Esta vez pienso quedarme dos semanas. Estaré una semana en Tánger y luego espero ir a Ceuta por una semana también. Volveré aquí el 17 de julio.
PABLO   ¿Te quedarás con amigos?
CARMEN   Bueno, sí, en Ceuta me quedaré con unos amigos, pero en Tánger tendré que quedarme en un hotel.

1.2 Práctica/Sobre usted
Responda las preguntas con información sobre sus planes de vacaciones.

A1 ¿Dónde vas/va a pasar las vacaciones?
A2 Voy a *[Argelia]*.
A1 ¿Cuánto tiempo estarás/estará allí?
A2 Estaré allí *[dos semanas]*.
A1 ¿Cuándo volverás/volverá?
A2 Volveré el *[30 de julio]*.
A1 ¿Tendrás/tendrá que quedarte/quedarse en un hotel?
A2 Sí, tendré que quedarme en un hotel.
   o No, podré quedarme con amigos.

Practique con:

ATENAS - ESTAMBUL "RUMANIA"
SEMANA SANTA 80
PROGRAMACION ESPECIAL DE VIAJES
"MUY ECONOMICOS" ORGANIZADOS POR LA OFICINA NACIONAL DE TURISMO RUMANA. O. N. T. CARPATI

INDICE DE PROGRAMAS

DIAS DE DURACION	NOMBRE DEL PROGRAMA	FECHAS	PESETAS
8	BUCAREST-LOS CARPATOS	7 AL 14 ABRIL	27.900
8	BUCAREST-ATENAS	24 AL 31 MARZO	36.400
8	BUCAREST-ATENAS	31 AL 7 ABRIL	39.400
8	BUCAREST-ATENAS	7 AL 14 ABRIL	36.400
8	BUCAREST-ESTAMBUL	24 AL 31 MARZO	36.400

2.1 Diálogo: De excursión 🎧
Inge y su marido están de visita en Madrid. Inge pregunta sobre su excursión a Toledo.

INGE ¿Tiene usted nuestro plan de excursión para mañana?
GUIA Sí, mire. Saldremos del hotel a las 9 de la mañana y llegaremos a Toledo a las 10.30. Por la mañana haremos una visita a la catedral y a la Casa del Greco.
INGE ¿A qué hora comeremos?
GUIA Comeremos a la 1.30.
INGE ¿Y por la tarde qué haremos?
GUIA Por la tarde visitaremos el Alcázar y luego podrán ustedes visitar el resto de la ciudad.
INGE ¿A qué hora volveremos a Madrid?
GUIA A las 6 de la tarde nos reuniremos en la Plaza Mayor para volver a Madrid. Llegaremos aquí a las 7.45 aproximadamente.

2.2 Práctica en contexto
Una guía turística, A1, explica el plan de excursión a un viajero, A2.

A1 El autobús saldrá de [Sevilla] a las [8.15] de la mañana y llegará a [Granada] a las [11] aproximadamente. Por la mañana haremos una visita [a la Alhambra] y [al Generalife].
Comeremos a las [2] en [el Restaurante La Gitana]. Por la tarde visitaremos [la Capilla Real y la catedral].
A2 ¿A qué hora volveremos a [Sevilla]?
A1 A las [5.30 de la tarde] nos reuniremos [enfrente del Restaurante La Gitana] para volver a [Sevilla]. Estaremos en el hotel como a las [8.30].

Practique con:

```
Excursión Málaga-Ronda
• 9.00   Salida del autobús desde el hotel
• 11.00  Llegada a Ronda
         Visita al Palacio de Mondragón y a la Casa del Rey Moro
• 2.30   Comida en el Parador Nacional
         Excursión a la Serranía de Ronda
• 5.30   Regreso a Ronda
• 6.45   Salida del autobús desde la Plaza de la Merced
• 8.45   Llegada al hotel
```

3.1 Mirar y hablar

A1 va a un instituto de idiomas a pedir información sobre cursos de español. En el instituto habla con una secretaria, A2.

A1 Buenos días. Quisiera información sobre los cursos de español elemental para este verano.
A2 El próximo curso comenzará el 6 de julio.
A1 ¿Y cuánto dura?
A2 Dura cuatro semanas.
A1 ¿Cuándo será la inscripción?
A2 La inscripción será entre el 1 y el 5 de julio.
A1 ¿Sabe usted cuál será el horario de clases?
A2 Sí, habrá tres horas diarias de clases, de 9 a 12 de la mañana.
A1 ¿Y por la tarde?
A2 Por la tarde habrá actividades culturales.
A1 ¿Qué hay que hacer para inscribirse?
A2 Tendrá que llenar una solicitud de inscripción y enviar dos fotografías. Le daré un folleto informativo. Aquí encontrará usted más información.

Practique la conversación con esta información:

Español para extranjeros
15 junio – 28 julio
Curso elemental, medio y superior
- 20 horas semanales de clases, de 9 a 1
- Por la tarde visitas a museos y excursiones
- Inscripciones del 10 al 14 de junio enviando una carta de solicitud al Director del Instituto

Cursos intensivos de idiomas
*español, inglés, francés, alemán
elemental, medio, superior*
- Duración de los cursos: 4 semanas
- Primer curso: 1 al 28 de julio
- Inscripción: 20 al 30 de junio
- Horario de clases: de 9 a 12 y de 3 a 6
- Forma de inscripción: enviar carta de solicitud al Secretario de Estudios o rellenar solicitud de inscripción adjuntando dos fotografías tamaño pasaporte

3.2 Improvisación/Sobre usted

1. Un amigo suyo, A1, le pregunta a usted, A2, sobre sus planes para las próximas vacaciones. Diga qué hará, adónde irá, con quién, por cuánto tiempo, y dónde se quedará.

2. Un amigo suyo, A1, de habla española, está de visita en su ciudad. Usted, A2, decide enseñarle la ciudad. Diga adónde irán, qué lugares visitarán, a qué hora saldrán y a qué hora volverán.

3.3 Escuchar y escribir

Los señores Vargas van de vacaciones a la Ciudad de México. Escuche esta conversación con el empleado de una agencia de viajes y conteste las preguntas.

1. ¿De dónde saldrá el avión?
2. ¿Cuándo saldrá?
3. ¿A qué hora saldrá?
4. ¿A qué hora tendrán que estar en el aeropuerto?
5. ¿Cuánto tiempo tardará el vuelo?
6. ¿Quién los esperará en el aeropuerto de México?
7. ¿Dónde podrán cambiar dinero?
8. ¿Cuándo volverán a España?

4 Resumen

4.1 En esta unidad usted ha aprendido a

1. referirse a lo que se hará, se espera hacer y lo que se piensa hacer:

    ¿Qué planes tienes para [el próximo verano]?
    Me voy a [Marruecos].
    Volveré el [17 de julio].
    Espero ir a [Ceuta].
    Pienso quedarme [dos semanas].

2. referirse a los planes de viaje especificando – tiempo y lugar de estancia:

    ¿Qué planes tienes para [el próximo verano]?
    ¿Dónde vas a pasar las vacaciones?
    Voy a [Argelia].
    ¿Cuánto tiempo estarás allí?
    ¿Por cuánto tiempo vas?
    Estaré allí [dos semanas].

    fechas de partida y regreso:

    Me voy el [3 de julio].
    ¿Cuándo volverás?
    Volveré el [17 de julio].

3. referirse a la fecha de comienzo de una actividad y su duración:

    El curso comenzará el [6 de julio].
    ¿Cuánto dura?
    Dura [cuatro semanas].

4. referirse a las horas en que se realizarán distintas actividades:

    ¿A qué hora comeremos?
    Comeremos a [la 1.30].
    ¿Por la tarde qué haremos?
    Visitaremos [el Alcázar].

4.2 Y usted ha practicado

1. las formas del futuro de verbos – regulares:

    Estaré una semana en Tánger.
    ¿Cuándo volverás?
    La inscripción será entre el 1 y el 5.
    Nos reuniremos enfrente del restaurante.
    Visitaréis el Alcázar.
    Llegarán a las 7.45.

    irregulares:

    (tener) Tendré que quedarme en un hotel.
    (salir) El autobús saldrá a las 8.
    (hacer) Haremos una visita a la catedral.
    (poder) Podrán visitar la ciudad.
    (haber – hay) Habrá actividades culturales.

2. los sustantivos verbales:

    (comer) comida
    (llegar) llegada a Toledo
    (salir) salida del hotel

UNIDAD 26 — ¿Me lo pueden reparar?

1.1 Diálogo: En el garage

Pablo ha tenido un pinchazo. Habla con el mecánico en el garage.

PABLO Buenos días. ¿Me pueden reparar este neumático?
MECÁNICO ¿Para cuándo lo quiere usted?
PABLO Para esta tarde si es posible.
MECÁNICO No señor, para esta tarde no se puede. Tenemos demasiado trabajo.
PABLO ¿Y para cuándo me lo pueden reparar?
MECÁNICO Se lo podemos tener listo para mañana a las 9.30.
PABLO De acuerdo. ¿Le puedo pagar mañana?
MECÁNICO Sí, pero tiene que dejar un depósito.
PABLO Puedo darle un cheque, ¿no?
MECÁNICO Sí, cómo no. Pase por caja, por favor.

1.2 Práctica

A1 ¿Me pueden [reparar esta radio]?
  o ¿Pueden [repararme esta radio]?
A2 Sí, se [la] podemos [reparar].
  o Sí, podemos [reparársela].
A1 ¿Para cuándo me [la] pueden [reparar]?
  o ¿Para cuándo pueden [reparármela]?
A2 Se [la] podemos [reparar] para mañana.
  o Podemos [reparársela] para mañana.

Practique con:

planchar estos pantalones | lavar estas camisas | limpiar el coche

1.3 Práctica en contexto

A1 va a una relojería para que le reparen su reloj. Practique esta conversación con el dependiente, A2.

A1 ¿Me pueden reparar [este reloj], por favor?
A2 ¿Para cuándo [lo] quiere usted?
A1 Para [el martes] si es posible.
A2 No, para [el martes] no se puede.
A1 ¿Para cuándo me [lo] pueden reparar entonces?
A2 Se [lo] podemos tener listo para [el miércoles por la tarde].
A1 ¿Le puedo pagar [el miércoles]?
A2 Lo siento, pero tiene que pagar ahora.

Practique c

el televisor

la radio

la máquina fotográ

2.1 Diálogo: Llamando al consulado 🎧
Inge está planeando una visita a Venezuela. Llama al consulado.

SECRETARIA	Consulado de Venezuela, ¿dígame?
INGE	Buenos días. Mi marido y yo queremos ir a Venezuela. ¿Me puede decir si hay que tener visado?
SECRETARIA	¿Qué pasaporte tienen ustedes?
INGE	Tenemos pasaporte alemán.
SECRETARIA	Sí, señora. Tienen que tener visado.
INGE	¿Puedo enviar a mi secretaria al consulado con los pasaportes?
SECRETARIA	Lo siento, pero no se puede. Tienen que traerlos ustedes personalmente. Hay que rellenar una hoja de solicitud y firmarla.
INGE	¿Hay que llevar algún otro documento?
SECRETARIA	No, no hacen falta otros documentos. Solamente los pasaportes y tres fotos por cada persona.
INGE	¿A qué hora está abierto el consulado?
SECRETARIA	Está abierto de 9 a 1.

2.2 Práctica en contexto/Sobre usted
A1 y su mujer quieren viajar a un país de habla española. A1 llama al consulado y pregunta a la secretaria, A2, si necesitan visado.

A2 Consulado de *[México]*. ¿Diga?
A1 Buenos días. *[Mi mujer y yo]* queremos ir a *[México]*. ¿Me puede usted decir si tenemos que tener visado?
A2 ¿Qué pasaporte tienen ustedes?
A1 Tenemos pasaporte *[inglés]*.
A2 Sí *[señor]*, tienen que tener visado.
    o No *[señor]*, no hace falta tener visado.

Practique con:	Argentina	México	Venezuela	Perú
británico:	√	√	√	X
francés:	X	√	√	X
alemán:	√	√	√	X
sueco:	√	√	√	X
de Estados Unidos:	√	√	√	X

√   visado sí
X   visado no

3.1 Mirar y hablar

Carmen y Pablo están en un congreso en Madrid, y hacen planes para ir al cine en la noche. Lea el diálogo y practique usando información sobre los anuncios.

Practique con:

el cine, la película, la sesión

el teatro, la obra, la función

PABLO ¿Qué piensas hacer esta noche?
CARMEN Me gustaría ir al cine, ¿y tú?
PABLO Sí, yo pensaba ir también.
CARMEN ¿Qué película piensas ver?
PABLO Me gustaría ver 'Un hombre... una ciudad'. Un amigo que la vio me dijo que era bastante buena.
CARMEN ¿Sabes dónde la ponen?
PABLO Sí, la ponen en el cine Albéniz. Hay una sesión a las 4.15 y otra a las 7, y otra a las 10.15.
CARMEN Podemos ir a la sesión de las 7. ¿Qué te parece?
PABLO De acuerdo. Vamos.

HOY EN MADRID

TEATROS

Centro Cultural Villa de Madrid (Plaza Colón, Sala 2).
7.30 y 10.30. **Estudias o trabajas (Alegro ma non troppo)**, collage de Rafael Herrero, basado en textos de Jorge Diaz. Dirección: Rafael Herrero. Butaca, 200 pesetas. ¡4 últimos días!
Comedia. Príncipe, 14 / Metro Sevilla / Teléfono 221 49 31.
Hoy, 7 tarde y 10.45 noche. Concha Velasco, José Sacristán en **Yo me bajo en la próxima, ¿y usted?** Espectáculo escrito y dirigido por Adolfo Marsillach. Horario funciones: lunes, 7 tarde y 10.45 noche; martes, 7 tarde; miércoles, descanso; jueves, viernes y sábados, 7 tarde y 10.45 noche; domingos, 7 tarde. Localidades a la venta con siete días.
Cómico. Paseo de las Delicias, 41 / Metro Palos de Moguer / Teléfono 227 45 37.
7 y 10.45. Compañía Pedro Osinaga, con Ana María Vidal, en **Sé infiel y no mires con quién.**

CINES

Albéniz Cinema. Paz, 11 (detrás del reloj de la Puerta del Sol) / Teléfono 222 02 00.
4.15, 7 y 10.15. **Un hombre... una ciudad.** 6ª semana de éxito. A veces se hacen películas españolas que merece la pena ver.
Alcalá Palace. Alcalá, 90 / Metro General Mola / Teléfono 225 46 08.
4.30, 7 y 10. **Hijos de papá**, de F. Vizcaino Casas. Mayores 16 años.
Amaya. Gral. Martínez Campos, 9 (Chamberí) / Metro Iglesia / Tel. 448 41 69.
4.30, 7 y 10. **Aterriza como puedas.** Julie Hagerty, Robert Stack. «El avión iba a Chicago; el piloto, a Nueva York; y los pasajeros: ni se sabía». Tolerada. 11ª semana.

3.2 Improvisación

1. Usted, A1, va a viajar a un país de habla española. Llama por teléfono al consulado y pregunta a la secretaria, A2, si necesita visado.

2. Usted, A1, necesita que le reparen sus zapatos. Va a una zapatería y habla con el empleado, A2. Pregunte para cuándo se los pueden tener y si puede pagar después.

3.3 Escuchar y escoger 🎧

En una agencia de viajes un cliente pide información a una empleada. Escuche la conversación y escoja la información correcta.

1. El cliente quiere viajar
   a. a Lima
   b. a Madrid
   c. al Cuzco

2. El cliente quiere viajar
   a. antes del 14 de julio
   b. antes del 7 de julio
   c. después del 30 de julio

3. A Lima hay vuelos los
   a. lunes, miércoles y viernes
   b. martes, miércoles y sábados
   c. lunes, jueves y viernes

4. Tiene que reservar los billetes
   a. una semana antes
   b. unos meses antes
   c. un mes antes

5. Tiene que dejar un depósito de
   a. un 25%
   b. un 20%
   c. un 30%

4 Resumen

4.1 En esta unidad usted ha aprendido a

1. solicitar un servicio: ¿Me pueden [reparar este reloj]?
   ¿Pueden [repararme este reloj]?

2. referirse a la posibilidad de hacer algo en un espacio de tiempo fijo: ¿Me pueden [reparar este reloj] para [el martes]?
   Sí, se lo podemos [reparar] para [el martes].

3. expresar obligación o requisito: Tiene que [tener visado].
   Hay que [tener visado].
   Hace falta [tener visado].

4. hacer sugerencias: Podemos ir a [la sesión] de las [7].

4.2 Y usted ha practicado

1. el uso de los pronombres personales de complemento directo de 3ª persona con los otros pronombres de complemento: ¿Para cuándo me lo pueden reparar?
   ¿Para cuándo pueden repararmelo?
   Se lo podemos reparar para mañana.
   Podemos repararselo para mañana.

2. las frases impersonales – 'hay que': Hay que tener visado.
                            'hace falta': Hace falta tener visado.
   Hace falta una hoja de solicitud.
   Hacen falta otros documentos.

UNIDAD 27 — ¿Es éste el suyo?

1.1 Diálogo: En la recepción del hotel

Brigitte sale hoy de su hotel. Pide el pasaporte al recepcionista.

BRIGITTE ¿Me da mi pasaporte, por favor?
RECEPCIONISTA Sí, un momento. Se lo daré en seguida . . . Aquí lo tiene usted.
BRIGITTE No, éste no es el mío. El pasaporte mío es francés. Es de color verde.
RECEPCIONISTA Ah, perdone usted la equivocación . . . ¿Es éste el suyo?
BRIGITTE Sí, ése es el mío.

1.2 Práctica en contexto

A1 va a la tintorería a buscar unos pantalones. Los pide al empleado, A2.

A1 Buenos días. Vengo a buscar [unos pantalones].
A2 ¿Me da el recibo?
A1 Aquí lo tiene.
A2 Un momento, se [los] daré en seguida . . . Son [éstos], ¿no?
A1 No, [ésos] no son [los míos]. [Mis pantalones] son de color [marrón].
A2 Ah, perdone usted la equivocación. ¿Son [éstos] [los suyos]?
A1 Sí, [ésos] son [los míos]. Gracias.

Practique con:

el impermeable
el abrigo

la falda
la chaqueta

los trajes
los suéteres

las camisas
las blusas

1.3 Práctica en contexto

A1 y un amigo piden sus maletas a un empleado, A2, en la consigna de una estación.

A1 ¿Nos da [nuestras maletas], por favor? [Las] dejamos aquí esta mañana.
A2 Sí, un momento. Ya se [las] daré . . . Aquí [las] tienen.
A1 No, [éstas] no son [las nuestras]. [Las maletas nuestras] son más [grandes] que [éstas].
A2 Perdonen ustedes. [Las] buscaré otra vez . . . ¿Son [éstas las suyas]?
A1 Sí, [éstas] son [las nuestras].

Practique con:

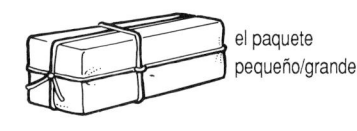

el paraguas
viejo/nuevo

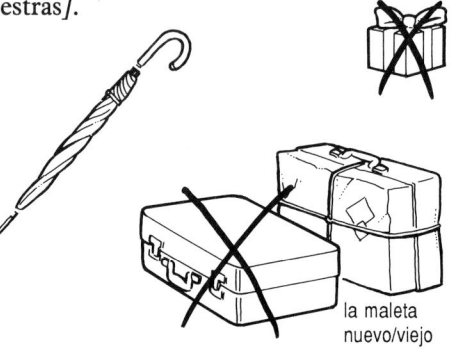

el paquete
pequeño/grande

la maleta
nuevo/viejo

las mochilas
grande/pequeño

2.1 Diálogo: Hablando del tiempo 🎧
Pablo está fuera en un viaje de negocios. Llama a Carmen.

CARMEN ¿Qué tiempo hizo ayer en Granada?
PABLO   Hizo sol y bastante calor.
CARMEN ¿Qué temperatura hizo?
PABLO   Hizo veintiocho grados.
CARMEN Hizo más calor que aquí.
        Fue un día muy agradable aquí.

EXTRANJERO		MÁX.	MÍN.
Amsterdam	Q	10	5
Ángeles, Los *	T	19	14
Atenas	Q	17	13
Beirut	c	26	15
Bonn	Q	11	4
Bruselas	Q	11	4
Buenos Aires *	P	22	15
Cairo, El	C	30	16
Caracas *	A	29	19
Chicago *	A	20	11
Copenhague	P	7	1
Estocolmo	f	3	2
Francfort	P	9	4
Ginebra	Q	9	5
Lisboa	T	19	10
Londres	T	12	7
México *	D	24	9
Miami *	Q	26	23
Moscú	f	6	0
Nueva York *	Q	16	10
Oslo	f	8	2
Paris	T	12	5
Rabat	A	20	11
R. de Janeiro *	Q	27	20
Roma	A	20	11
Tokio *	D	17	11
Viena	T	12	8
Zúrich	Q	10	4

* Datos del día anterior.

2.2 Práctica en contexto/Sobre usted
A1 y A2 hablan sobre el tiempo que hizo en una ciudad extranjera.

A1 ¿Qué tiempo hizo ayer en [París]?
A2 [Llovió].
A1 ¿Qué temperatura hizo?
A2 Hizo [12] grados.
A1 Hizo [más frío] que aquí.
   o Hizo [menos frío] que aquí.

Practique con:

hace sol/calor/frío/viento

hace buen tiempo/mal tiempo

hace ... grados

es (un día) agradable

está despejado/nublado

2.3 Práctica
El tiempo para mañana:

En [Málaga] hará [buen tiempo].
La temperatura máxima será de
[21] grados aproximadamente.

Practique con:

Pronóstico para mañana

ESPAÑA		MÁX.	MÍN.			MÁX.	MÍN.
Albacete	T	19	5	Madrid	A	21	3
Alicante	A	20	9	Málaga	A	21	10
Almería	A	20	12	Melilla	A	20	12
Ávila	T	13	0	Murcia	C	28	6
Badajoz	c	24	7	Orense	T	18	4
Barcelona	T	16	10	Oviedo	T	14	5
Bilbao	P	15	7	Palencia	T	15	2
Burgos	T	15	2	Palma	P	16	8
Cáceres	A	21	6	Palmas, Las	A	21	17
Cádiz	c	25	14	Pamplona	P	13	5
Castellón	A	21	10	Pontevedra	T	18	5
Ceuta	A	23	12	Salamanca	T	14	1
Ciudad Real	T	19	8	San Sebastián	P	11	5
Córdoba	T	27	9	S. C. Tenerife	A	21	16
Coruña, La	T	14	10	Santander	P	14	7
Cuenca	T	17	6	Santiago de C.	T	13	5
Gerona	T	16	9	Segovia	T	13	3
Gijón	P	14	8	Sevilla	C	28	11
Granada	c	24	5	Soria	T	12	1
Guadalajara	T	19	5	Tarragona	T	17	11
Huelva	C	28	10	Teruel	T	15	3
Huesca	T	14	5	Toledo	A	20	6
Ibiza	T	19	11	Valencia	A	21	10
Jaén	c	26	7	Valladolid	T	14	3
León	T	15	1	Vigo	T	17	7
Lérida	A	21	4	Vitoria	P	11	3
Logroño	T	14	6	Zamora	T	16	4
Lugo	T	14	3	Zaragoza	T	16	9

A, agradable / **C**, mucho calor / **c**, calor / **D**, despejado /
F, mucho frío / **f**, frío / **H**, heladas / **N**, nevadas / **P**, lluvioso /
Q, nublado / **S**, tormentas / **T**, templado / **V**, vientos fuertes.

3.1 Mirar y hablar

Inge acaba de volver de vacaciones. Pablo le pregunta cómo era el hotel en que estuvo. Inge describe el hotel. Practique la conversación usando la información sobre los otros hoteles.

PABLO ¿En qué hotel estuviste?
INGE Estuve en el Hotel El Molino.
PABLO ¿Qué tal era?
INGE Era muy bueno. Estaba cerca de la playa. Era bastante grande, tenía discoteca y piscina, y había teléfono y televisión en cada habitación.
PABLO ¿Era caro?
INGE Sí, era caro. Una habitación con cuarto de baño costaba $8000 por persona.
PABLO ¿El desayuno estaba incluído?
INGE Sí, estaba incluído.

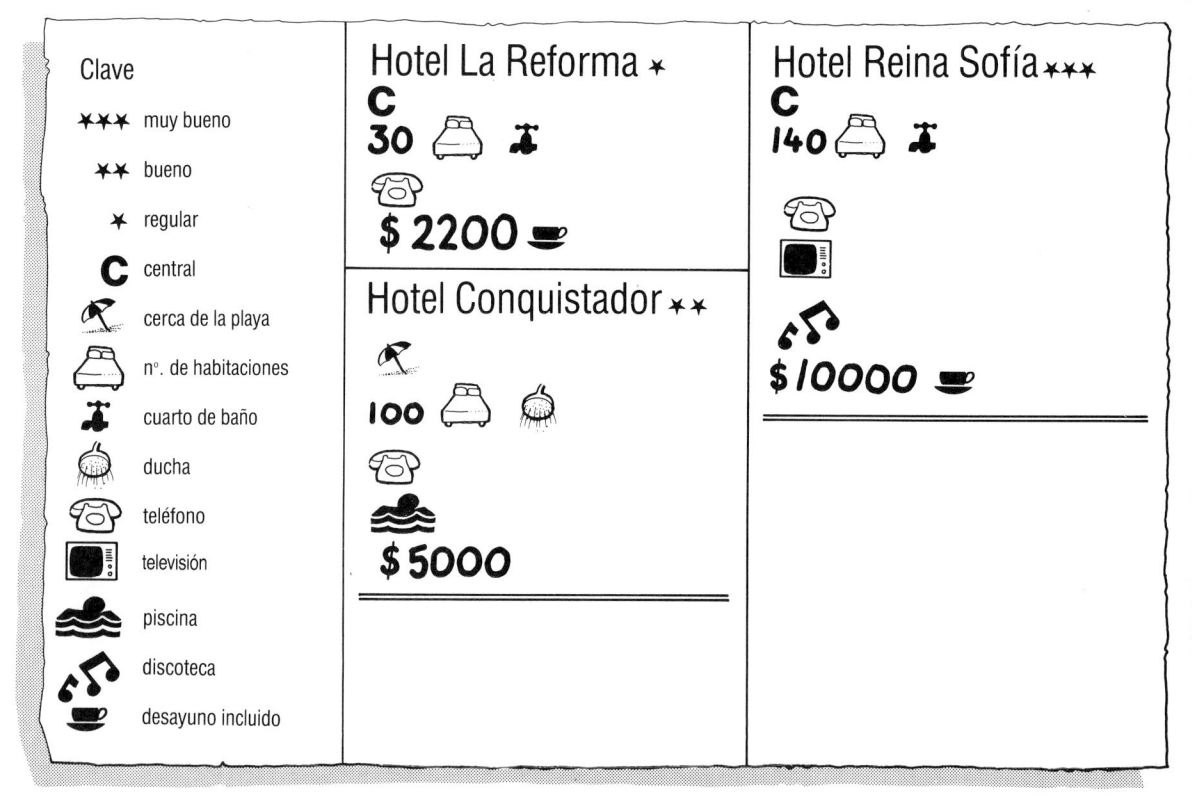

Clave

- ★★★ muy bueno
- ★★ bueno
- ★ regular
- C central
- cerca de la playa
- n°. de habitaciones
- cuarto de baño
- ducha
- teléfono
- televisión
- piscina
- discoteca
- desayuno incluido

Hotel La Reforma ★
C
30, cuarto de baño
teléfono
$2200, desayuno

Hotel Conquistador ★★
playa
100, ducha
teléfono
piscina
$5000

Hotel Reina Sofía ★★★
C
140, cuarto de baño
teléfono
televisión
discoteca
$10000, desayuno

3.2 Improvisación/Sobre usted

1. En un hotel usted, A1, pide su pasaporte al recepcionista, A2. El recepcionista le da el pasaporte de otra persona. Diga de qué país es su pasaporte y de qué color es.

2. Usted, A1, volvió de sus vacaciones hace unos días. Un amigo, A2, le pregunta en qué hotel estuvo y cómo era el hotel. **Descríbalo.**

3. Usted, A1, acaba de llegar a España de su país. Un amigo, A2, le pregunta qué tiempo hizo. Describa el tiempo.

3.3 Escuchar y escribir 🎧

Un señor se dirige a la Oficina de Objetos Perdidos a buscar algo que perdió. Escuche esta conversación con la empleada de la oficina y responda a las preguntas.

1. ¿Qué perdió el señor?
2. ¿Dónde lo perdió?
3. ¿Cuándo lo perdió?
4. ¿De qué color era?
5. ¿De qué material era?
6. ¿Qué iniciales tenía?
7. ¿Qué llevaba dentro?
8. ¿Cuánto dinero llevaba?

4 Resumen

4.1 En esta unidad usted ha aprendido a

1. identificar y describir un objeto indicando su pertenencia:

   Esos no son [mis pantalones].
   Esos son [los míos].
   [Los míos] son de color [marrón].

2. referirse al tiempo en un momento del pasado y del futuro:

   ¿Qué tiempo hizo ayer?
   Hizo [sol].
   En [Málaga] hará [buen tiempo].

3. describir un lugar indicando –
   - ubicación: [El hotel] estaba [cerca de la playa].
   - tamaño: Era [bastante grande].
   - comodidades: Tenía [discoteca] y había [televisión] en cada habitación.
   - precio: Era [caro]. Una habitación costaba [$8000] por persona.

4.2 Y usted ha practicado

1. las 1ª y 3ª personas singular y plural de los pronombres posesivos:

   (pasaporte) Este no es el mío/nuestro.
   ¿Es éste el suyo?
   (maleta) Esta no es la mía/nuestra.
   ¿Es ésta la suya?
   (paquetes) Estos no son los míos/nuestros.
   ¿Son éstos los suyos?
   (mochilas) Estas no son las mías/nuestras.
   ¿Son éstas las suyas?

2. el pretérito imperfecto de 'hay' ('haber'): Había teléfono en cada habitación.

UNIDAD 28 • Lo que más me gustaba

1.1 Diálogo: Hablando del pasado
Carmen y Pablo hablan de lo que hacían antes.

CARMEN   Vivías antes en Suiza, ¿no?
PABLO   Sí, viví allí varios años.
CARMEN   ¿Trabajabas allí?
PABLO   Sí, trabajaba de portero en Ginebra. Estaba contento con mi trabajo. Tenía un buen sueldo.
CARMEN   ¿Qué hacías en tu tiempo libre?
PABLO   Pues... me gustaba reunirme con mis amigos españoles. A veces íbamos a algún bar, jugábamos a las cartas...
CARMEN   ¿Que solías hacer en las vacaciones?
PABLO   Prefería venir a España, a visitar mi pueblo y ver a mi familia.
CARMEN   ¿Qué es lo que más te gustaba de Suiza?
PABLO   El paisaje: las montañas y los lagos... Eso era lo que más me gustaba.
CARMEN   ¿Y lo que menos te gustaba?
PABLO   Lo que menos me gustaba era el tiempo. El invierno era demasiado frío para mí.

1.2 Práctica en contexto
A1 y A2, dos colegas, hablan sobre lo que solían hacer.

A1   ¿Que hacías/hacía en tu/su tiempo libre?
A2   Me gustaba [ir a la playa].
     ¿Y en tus/sus vacaciones que solías/solía hacer?
A1   En mis vacaciones prefería [viajar al extranjero].

Practique con:

- jugar al tenis
- escuchar música
- leer
- nadar
- ir de excursiones
- ir al extranjero
- quedarme en casa
- visitar la familia

2.1 Diálogo: En la Oficina de Turismo 🎧

Antonio está planeando sus vacaciones. Habla con la empleada en la Oficina de Turismo.

EMPLEADA ¿Que tipo de lugar prefiere para pasar sus vacaciones?
ANTONIO En general prefiero un lugar que sea tranquilo, que esté cerca de la playa, y donde no haya muchos turistas.
EMPLEADA Este lugar es bastante tranquilo. Espero que le guste.
ANTONIO Estoy seguro que me gustará.

2.2 Práctica en contexto

A1 pregunta a A2 qué tipo de hotel prefiere.

A1 ¿Qué tipo de hotel prefiere usted para pasar sus vacaciones?
A2 Prefiero un hotel que no sea muy *[grande]*, que esté *[en el centro]*, que tenga *[un buen restaurante]*, y donde no haya *[mucha gente]*.

Practique con:

grande	en el centro	piscina	mucha gente
pequeño	al lado del mar	discoteca	niños
caro	cerca de la playa	vista al mar	ruido
barato	en el campo	bar	extranjeros

2.3 Práctica en contexto/Sobre usted

Un amigo, A1, le pregunta a usted, A2, lo que le gustaba del lugar donde pasó las vacaciones, y sobre sus preferencias en general en cuanto a las vacaciones.

A1 ¿Qué era lo que más te gustaba del lugar?
A2 Lo que más me gustaba era *[la gente]*.
A1 ¿Y lo que menos te gustaba?
A2 Lo que menos me gustaba era *[la lluvia]*.
A1 ¿Qué tipo de lugar prefieres para pasar las vacaciones?
A2 Bueno, prefiero un lugar que *[sea tranquilo]*, que *[esté cerca del mar]*, y donde *[no haya mucha gente]*.
A1 ¿Y qué tipo de hotel te gusta más?
A2 Prefiero un hotel que *[no sea muy grande]*, que *[esté en la playa]*, que *[tenga un buen restaurante]*, y donde *[no haya mucha gente]*.

Practique con las frases de 2.2 y:

Pro (+)

- el sol
- el mar
- la playa
- la comida

Contra (−)

- el tiempo
- el viento
- el frío
- el ruido

3.1 Mirar y hablar

Michael va a una agencia de empleos en Madrid para contratar nuevo personal. Practique esta conversación con el empleado de la agencia.

MICHAEL   Buenas tardes. Yo soy representante de una empresa multinacional aquí en España. Nuestra empresa abrirá una sucursal en Madrid y nos gustaría contratar personal.
EMPLEADO   ¿Qué personal necesitan ustedes?
MICHAEL   De momento, necesitamos contratar una secretaria.
EMPLEADO   ¿Qué tipo de persona buscan ustedes?
MICHAEL   Buscamos una persona que sepa inglés, y que tenga menos de 30 años.
EMPLEADO   ¿Prefieren una persona con experiencia?
MICHAEL   No, no es necesario que tenga experiencia.

TRABAJO

OFERTAS

Empresa multinacional
para sus oficinas en Madrid
precisa
SECRETARIA
De preferencia
- *saber inglés*
- *menos de 30 años*
- *no se requiere experiencia*

EN ALICANTE
Necesitamos señoritas para

Practique con:

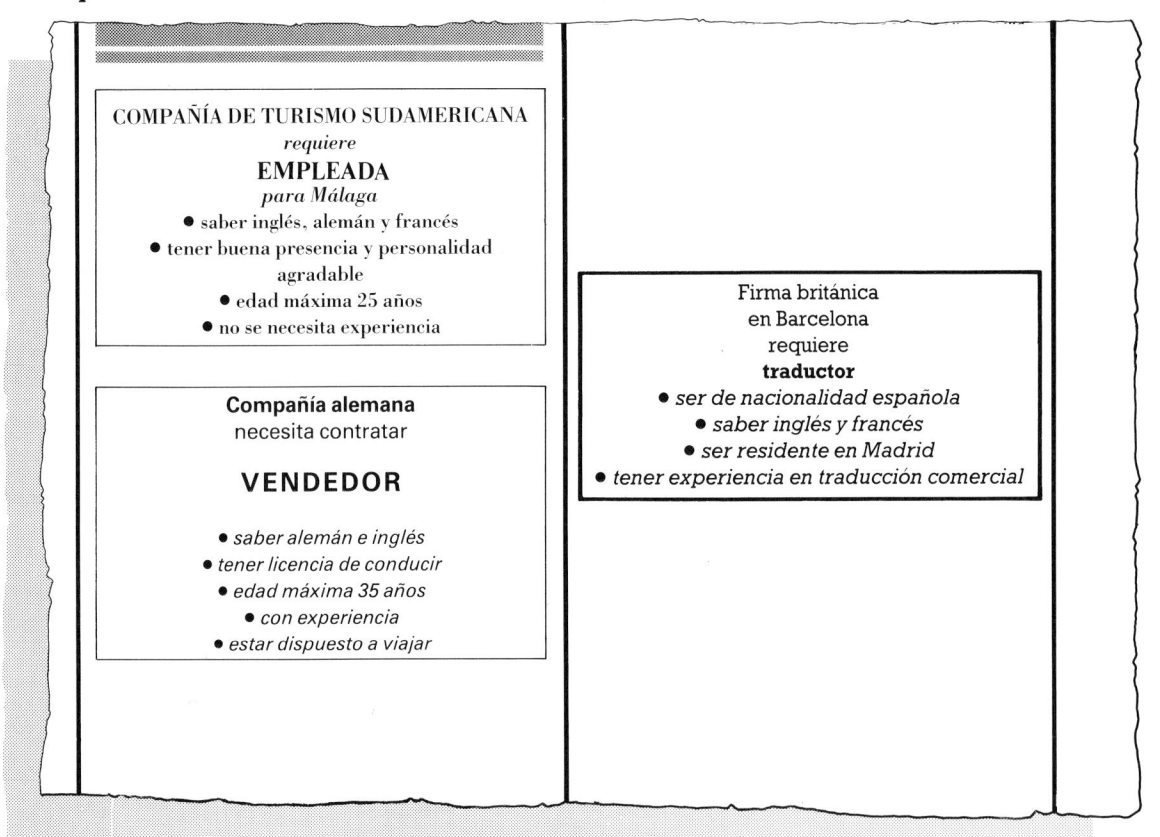

COMPAÑÍA DE TURISMO SUDAMERICANA
requiere
EMPLEADA
para Málaga
- *saber inglés, alemán y francés*
- *tener buena presencia y personalidad agradable*
- *edad máxima 25 años*
- *no se necesita experiencia*

Compañía alemana
necesita contratar
VENDEDOR
- *saber alemán e inglés*
- *tener licencia de conducir*
- *edad máxima 35 años*
- *con experiencia*
- *estar dispuesto a viajar*

Firma británica
en Barcelona
requiere
traductor
- *ser de nacionalidad española*
- *saber inglés y francés*
- *ser residente en Madrid*
- *tener experiencia en traducción comercial*

3.2 Improvisación/Sobre usted

Usted, A1, va a una agencia de turismo para hacer una reserva para sus vacaciones. El empleado, A2, le pregunta si prefiere ir al campo, a la playa o a la montaña, en qué prefiere ir, qué tipo de lugar prefiere, si prefiere un hotel o una pensión y qué tipo de hotel o pensión prefiere.

3.3 Escuchar y escoger 🎧
Un extranjero quiere alquilar una oficina para su compañía en México. Escuche esta conversación con el empleado de una agencia de alquileres, y luego complete esta información.

1. ¿Para cuándo quiere la oficina?
2. ¿Dónde la quiere?
3. ¿Qué tipo de barrio prefiere?
4. ¿Cómo es el barrio de San Angel?
5. ¿Por qué prefiere el barrio de Las Américas?
6. ¿De qué tamaño prefiere la oficina?
7. ¿La prefiere amueblada o sin amueblar?
8. ¿Por qué?

4 Resumen

4.1 En esta unidad usted ha aprendido a

1. referirse a lo que se solía hacer en un período de tiempo indefinido en el pasado:

    ¿Qué solías hacer en las vacaciones?
    Prefería [venir a España].

2. expresar gustos en cuanto a un período de tiempo indefinido en el pasado:

    Lo que más me gustaba era [la gente].

3. describir con exactitud algo ideal:

    Prefiero un lugar que [sea tranquilo], que [esté cerca del mar], y donde [no haya muchos turistas].

4.2 Y usted ha practicado

1. la 2ª persona singular del pretérito imperfecto de verbos que terminan en –
    - '-ar': ¿Trabajabas allí?
    - '-er', '-ir': ¿Vivías en Suiza?

2. la 1ª persona plural del pretérito imperfecto –
    - de verbos que terminan en '-ar': Jugábamos a las cartas.
    - del verbo 'ir': A veces íbamos a algún bar.

3. la 3ª persona singular del presente del subjuntivo de –
    - 'estar': . . . que esté cerca de la playa.
    - 'saber': . . . que sepa inglés.
    - 'haber' (hay): . . . donde no haya mucha gente.

UNIDAD 29   ¿Un poco más?

1.1 Diálogo: En una cena

Carmen ha invitado a Michael, que acaba de conocer, a cenar en su casa.

MICHAEL   La carne está buenísima.
CARMEN   ¿Quiere que le sirva un poco más?
MICHAEL   Sí, por favor, un poquito.
CARMEN   ¿Y un poco más de ensalada también?
MICHAEL   Gracias.
CARMEN   ¿Le sirvo otra copa de vino?
MICHAEL   No, gracias. Ya he bebido bastante.
CARMEN   ¿De veras?
MICHAEL   Bueno, sí, pero no me sirva mucho...
            Es suficiente, muchas gracias.
CARMEN   Salud.
MICHAEL   Salud.

1.2 Práctica en contexto

A1 va por primera vez a la casa de un conocido de habla española, A2.

A1   [El pescado] está buenísimo.
A2   ¿Quiere que le sirva un poco más?
A1   Sí, por favor, un poquito.
A2   ¿Y un poco más de [salsa] también?
A1   Gracias.

Practique con:

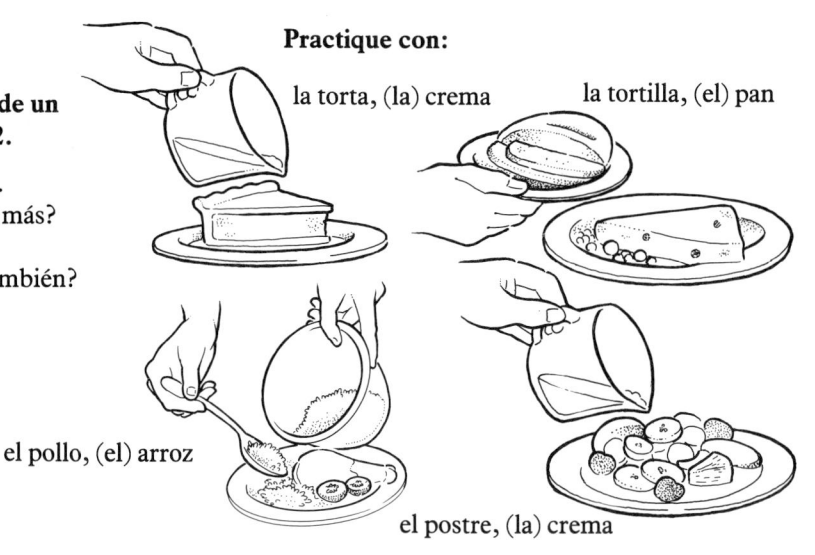

la torta, (la) crema

la tortilla, (el) pan

el pollo, (el) arroz

el postre, (la) crema

Practique con:

(un) vaso de cerveza

(una) taza de café

(una) copa de vino

1.3 Práctica en contexto

A1 le ofrece a A2 algo más de beb

A1   ¿Le sirvo otra [copa de jerez]?
A2   Sí, gracias.
     o No, muchas gracias.

2.1 Diálogo: Saliendo al aeropuerto

Carmen sale al aeropuerto. Michael ofrece ayudarla.

MICHAEL ¿Tiene equipaje?
CARMEN Sí, tengo dos maletas y un maletín.
MICHAEL ¿Me permite que la ayude?
CARMEN Sí, por favor. Las maletas están un poco pesadas.
MICHAEL ¿Tiene algo más?
CARMEN No, nada más. Eso es todo lo que tengo.
MICHAEL ¿Quiere que le lleve el maletín también?
CARMEN No, no hace falta, gracias. El maletín lo puedo llevar yo misma. No pesa mucho.
MICHAEL ¿Adónde va?
CARMEN Voy al aeropuerto. ¿Me puede llamar un taxi, si no es mucha la molestia?
MICHAEL No es ninguna molestia. Le buscaré un taxi en seguida.

2.2 Práctica

1. A1 ¿Tiene mucho [equipaje]?
   A2 Tengo mucho/poco/bastante [equipaje].
   o No tengo mucho/nada de [equipaje].

2. A1 ¿Tiene muchas [maletas]?
   A2 Tengo muchas/pocas/bastantes/tres/algunas/varias [maletas].
   o No tengo muchas [maletas]/ninguna [maleta].

Practique con:

(el) tiempo   (los) paquetes
(el) trabajo   (los) libros
(el) dinero   (las) cajas
(la) ropa   (las) cosas

No tengo nada.

3.1 Mirar y hablar

1. **A1 quiere entradas para el cine. Practique esta conversación con el empleado, A2, usando la información de los anuncios.**

   A1 ¿Tiene entradas para la sesión de las 5?
   A2 No, para las 5 no queda ninguna (entrada).
   A1 ¿Y para las 7.30 quedan?
   A2 Sí, todavía quedan algunas. ¿Cuántas quiere?
   A1 Quiero dos.

2. **A1 quiere un billete para ir a Punta de Piedras, en la isla Margarita, en el Caribe. Practique la conversación con el empleado, A2, usando la información de la tabla.**

   A1 ¿Le queda algún billete para [el ferry] de las [7] a Punta de Piedras?
   A2 No, para las [7] no queda ningún billete.
   A1 ¿Le queda alguno para [el ferry] de las [10]?
   A2 Sí, todavía quedan algunos.

«El Controvertido Tema Del Divorcio»
Cine Bellas Artes
mañana, sabado, estreno
Sesiones   Entradas
5.00
7.30   X
            ✓

TEATRO NACIONAL
EVITA
Hoy   viernes,
Funciones   Entradas
8.00   X
10.00   ✓

Estadio Santiago Bernabéu
Partido   Entradas
sábado
28 de febrero   X
Real Madrid-Las Palmas
miércoles
4 de marzo
Real Madrid-Bilbao

¡Conferry!
Un viaje distinto para sus vacaciones.
Usted... los suyos... y su carro...

Disfrutar con toda la familia, de unas horas o unos días, es cada vez más difícil en la vida moderna. **Conferry** le da esa anhelada oportunidad de viajar y disfrutar con los suyos. Con los suyos... en su carro. Con los suyos... en una impresionante travesía del mar. Con los suyos... en la contagiosa belleza de Margarita.

Con los suyos y su carro, sin desajustar su presupuesto. ¿Qué espera...?

HORARIOS: Salidas de Puerto La Cruz 7 a.m. no   10 a.m. sí
                                      2 p.m. no   4 p.m. sí   8 p.m. no   10 p.m. sí
          Salidas de Punta de Piedras 8 a.m. sí
                                       10 a.m. no   2 p.m. sí   4 p.m. no
                                       8 p.m. sí   10 p.m. no

CONFERRY Una parte de Margarita que navega en el mar

CONSOLIDADA DE FERRYS, C.A. "CONFERRY" OFICINA EN CARACAS: Torre Lincoln, planta baja. Av. Las Acacias c/Av. Lincoln. Sabana Grande. Teléfono: 781-31-22

3.2 Improvisación

1. Usted, A1, va a cenar a casa de un conocido de habla española, A2. El conocido le ofrece a usted algo más de comer y de beber. Acepte o rehuse en forma cortés.

2. Usted, A1, quiere ir al cine. En la taquilla del cine le pregunta al empleado, A2, si tiene entradas para la sesión a la que usted quiere ir. El empleado responde que sí y le pregunta cuántas entradas quiere.

3.3 Escuchar y escoger 🎧
Escuche estas cuatro conversaciones y diga a qué dibujo corresponde cada una de ellas en el cuadro correspondiente.

Autobuses
Madrid – Málaga
Salidas 9.30
14.30
16.30

☆ Teatro Real ☆
hoy
★ **Bodas de Sangre**
con Nuria Espert
☆ Funciones
4.30 y
8.30

Estadio Santiago Bernabéu
Miércoles 3 de abril
A las 19.00
Real Madrid-Barcelona
precio de las entradas 600, 800, 1.000, 1.200 ptas

CINE COLÓN
El Angel Azul
con
Marlene Dietrich
Sesiones 5.00 7.30 10.00

4 Resumen

4.1 En esta unidad usted ha aprendido a

1. hacer un ofrecimiento en forma cortés:	¿Quiere que [le sirva un poco más]?
	¿Me permite que [la ayude]?
2. y responder:	Sí, por favor.
	Sí, gracias.
	No, (muchas) gracias.
3. alabar algo:	[La carne] está [buenísima].
4. referirse a existencia o inexistencia:	¿Tiene [entradas]?
	¿Le quedan [entradas]?
	No, no queda ninguna.
	Sí, todavía quedan algunas.

4.2 Y usted ha practicado

1. la 1ª persona del subjuntivo de verbos
   que – terminan en '-ar': (ayudar) ¿Me permite que la ayude?
     terminan en '-er', '-ir': (servir) ¿Quiere que le sirva un poco más?
     cambian la raíz: (servir) ¿Quiere que le sirva un poco más?
2. el superlativo de adjetivos: Está buenísimo.
3. el uso de adverbios de cantidad con
   'tener' – en afirmativo: Tengo mucho/poco/bastante equipaje.
   Tengo muchas/pocas/bastantes/tres/algunas/varias maletas.
   en negativo: No tengo mucho/nada de equipaje.
   No tengo muchas maletas/ninguna maleta.
4. el uso del negativo 'nada': No tengo nada (de equipaje).
5. el uso de 'estar' para referir a estado: Está buenísimo.

UNIDAD 30 ¿Ha estado allí?

1.1 Diálogo: Un viaje de negocios
El Sr Fuentes, jefe de la compañía, ha llamado a Carmen a su oficina.

SR FUENTES ¿Ha estado usted alguna vez en Sudamérica?
CARMEN Sí, he visitado Colombia y Argentina varias veces.
SR FUENTES ¿Nunca ha ido a Venezuela?
CARMEN No, nunca he tenido la oportunidad de conocer Venezuela.
SR FUENTES Bueno, hemos establecido contacto con una firma venezolana y queremos que usted vaya a Caracas para que dé a conocer nuestros productos allí.
CARMEN Estupendo. ¿Cuándo quiere que vaya?
SR FUENTES La semana que viene si es posible.

1.2 Práctica en contexto
A1 le pregunta a un conocido, A2, si ha visitado Latinoamérica.

A1 ¿Ha estado usted alguna vez en [Buenos Aires]?
A2 Sí, he estado [dos veces] en [Buenos Aires].
 o No, nunca he estado en [Buenos Aires].
 o No, no he estado nunca en [Buenos Aires].

Practique con:

Caracas   La Paz
Bogotá   Quito
Lima   Guatemala
Santiago San Salvador

1 = una vez   varias veces
2 = dos veces muchas veces
3 = tres veces nunca

1.3 Práctica en contexto/Sobre usted

A1 ¿Has visitado [España] alguna vez?
A2 Sí, he ido [varias veces] a [España].
 o No, nunca he ido a [España].
 o No, no he ido nunca a [España].

Practique usando el mapa:

Santander
Barcelona
Madrid
Valencia
Sevilla
Murcia
Cádiz

1.4 Improvisación/Sobre usted
Un conocido suyo, A1, le pregunta a usted, A2, qué países extranjeros ha visitado. Responda diciendo cuántas veces ha estado en cada uno de ellos.

2.1 Diálogo: En el aeropuerto

Pablo debe ir al aeropuerto a buscar a Inge pero se ha retrasado. Llama al aeropuerto.

EMPLEADA Iberia, ¿dígame?
PABLO Buenos días. ¿Ha llegado ya el avión de Francfort?
EMPLEADA No, no ha llegado todavía. Ha habido un retraso en la hora de salida debido al mal tiempo.
PABLO Bueno, quisiera dejar un recado para una pasajera, la Sra Müller, de parte de Pablo Vargas.
EMPLEADA Un momento. Le pongo con Información al Público.
EMPLEADO Información al Público, ¿diga?
PABLO Quiero dejar un recado para la Sra Müller, que va a llegar de Francfort.
EMPLEADO ¿Cuál es el recado?
PABLO Por favor dígale que lo siento mucho pero me he retrasado y no puedo ir al aeropuerto. Que llame a la oficina de Pablo Vargas en cuanto llegue.
EMPLEADO De acuerdo, señor, adiós.

2.2 Práctica

1. A1 ¿Ha [llegado] [el avión de Francfort]?
   A2 Sí, ya ha [llegado].
      o No, no ha [llegado] todavía.

Practique con:

(llamar) llamado, la Sra Müller
(llegar) llegado, el tren de Bilbao
(salir) salido, el expreso para Barcelona
(volver) vuelto, el Sr Fuentes
(escribir) escrito, Carmen
(abrir) abierto, el banco

2. A1 ¿Has [leído el informe]?
   A2 Sí, ya [lo he leído].
      o No, no [lo he leído] todavía.

(empezar) empezado el informe
(escribir) escrito la carta
(abrir) abierto la cuenta
(llamar) llamado al Sr Fuentes
(ver) visto a Carmen

2.3 Práctica en contexto

A1 llama al gerente de una compañía española.

A1 Buenos días. Quisiera hablar con el Sr Alvarez, por favor.
A2 El Sr Alvarez ya se ha marchado. ¿Quiere dejarle algún recado?
A1 Sí, por favor. Yo soy [la Sra García]. Dígale que [he recibido su carta] y que [pase por la oficina mañana].

Practique con:

Sr Pérez ha vuelto a Madrid-llamar en cuanto llegue

Sra Riquelme ha recibido el cheque-mandar dinero esta semana

Srta Molina ha visto el anuncio: enviar información en cuanto pueda

3.1 Mirar y hablar/Sobre usted

A2 va a seguir un curso de español. Para inscribirse debe rellenar un formulario y asistir a una entrevista con un profesor, A1. Practique la conversación y rellene el formulario con sus propios detalles.

A1 ¿Cuál es su nombre por favor?
A2 Me llamo David Summers.
A1 ¿Cuál es su nacionalidad?
A2 Soy norteamericano.
A1 ¿Cuál es su dirección?
A2 Vivo en la Calle Valencia, número 424.
A1 ¿Tiene teléfono?
A2 Sí, es el 2 26 37 90.
A1 Usted ha estudiado español antes, ¿verdad?
A2 Sí, lo he estudiado 18 meses.
A1 ¿Dónde lo ha estudiado?
A2 Lo he estudiado en un instituto.
A1 ¿Ha vivido usted en algún país de habla española?
A2 Sí, viví en México 3 meses.
A1 ¿Cómo se ha enterado de nuestros cursos?
A2 Me enteré por un anuncio en el periódico local.

```
Nombre: _____
Nacionalidad: _____
Dirección: _____
Teléfono: _____
¿Ha estudiado español?: _____
Duración de estudios: _____
Lugar de estudios: _____
Residencia en países hispanos:
_____
```

3.2 Práctica

	-ar	-er, -ir	irregular
he	cenado	bebido	dicho (decir)
has	desayunado	comido	hecho (hacer)
ha	estudiado	dormido	puesto (poner)
hemos	trabajado	ido	visto (ver)
habéis	viajado	respondido	escrito (escribir)
han	visitado	subido	vuelto (volver)

3.3 Improvisación

Usted, A1, es entrevistado por A2. A2 le pregunta en qué ciudades o países ha vivido, en qué y dónde ha trabajado, qué idiomas ha estudiado y si ha visitado o vivido en algún país de habla española.

3.4 Escuchar y escoger 🎧

Escuche esta conversación entre Pablo y su secretaria y conteste las preguntas (sí o no).

1. ¿Ha llegado la correspondencia?
2. ¿Ha reservado la secretaria una habitación?
3. ¿Ha contestado la carta del Sr Martín?
4. ¿Ha terminado el informe?
5. ¿Lo ha enviado?
6. ¿Ha llamado alguien por teléfono?
7. ¿Ha llegado el Sr García?

4 Resumen

4.1 En esta unidad usted ha aprendido a

1. referirse al pasado reciente:	Hemos *[*establecido contacto con una firma venezolana*]*.
2. referirse a la frecuencia con que ha hecho algo:	¿Has estado alguna vez en *[*Buenos Aires*]*?
	¿Has visitado *[*Buenos Aires*]* alguna vez?
	Sí, he estado *[*dos veces*]* en *[*Buenos Aires*]*.
	Sí, he ido *[*dos veces*]* a *[*Buenos Aires*]*.
	No, nunca he estado en *[*Buenos Aires*]*.
	No, no he ido nunca a *[*Buenos Aires*]*.
3. referirse a un suceso esperado y responder:	¿Ha *[*llegado*]* ya *[*el avión*]*?
	No, no ha *[*llegado*]* todavía.
	Sí, ya ha *[*llegado*]*.
4. expresar indirectamente una orden:	Dígale que *[*pase por la oficina*]*.

4.2 Y usted ha practicado

1. las formas del participio pasado de
   verbos – que terminan en '-ar': (llegar) ¿Ha llegado el avión?
       que terminan en '-er', '-ir': (establecer) Hemos establecido contacto.
       irregulares: (Ver 3.2.)
2. las formas y uso del pretérito perfecto: He estado en España varias veces.
   Has establecido contacto con Venezuela.
   Ha ido a Caracas dos veces.
   Hemos visto a Carmen.
   Habéis escrito la carta.
   Han vuelto ya del aeropuerto.
3. la posición de los pronombres de complemento directo e indirecto con el pretérito perfecto: Ya lo he leído.
4. el uso del negativo 'nunca': Nunca he estado en Buenos Aires.
   No he estado nunca en Buenos Aires.

LONGMAN GROUP UK LIMITED
Longman House
Burnt Mill, Harlow, Essex CM20 2JE,
England
and Associated Companies throughout the
World

© Longman Group UK Limited 1988
All rights reserved. No part of this
publication may be reproduced, stored in a
retrieval system, or transmitted in any
form or by any means, electronic,
mechanical, photocopying, recording or
otherwise, without the prior written
permission of the Publishers.

First published 1988
ISBN 0 582 35348 3

Set in 10/12 Linotron Plantin

Produced by Longman Group (F.E.) Limited
Printed in Hong Kong

We are grateful to Photosource for permission to
reproduce the photograph on page 30. All other
photographs are by Brendan Hearne.
Cover photograph by Picturepoint.